先贤诫子书系列

教子名文十六篇

姬昌 刘邦 诸葛亮等／著

李孝国 董立平／译注

安徽师范大学出版社

图书在版编目（CIP）数据

教子名文十六篇 /（西周）姬昌等著；李孝国、董立平译注
.— 芜湖：安徽师范大学出版社，2015.5
（先贤诫子书系列）
ISBN 978-7-5676-1949-4

Ⅰ.①教… Ⅱ.①姬… ②李… Ⅲ.①中国文学—古典文学—作品综合集 Ⅳ.① I212.01

中国版本图书馆 CIP 数据核字（2015）第 089933 号

策 划 人：李孝国
责任编辑：潘　安　王一澜
装帧设计：肖晋兴
责任印制：郭行洲

先贤诫子书系列：教子名文十六篇
XIANXIAN JIEZISHU XILIE：JIAOZI MINGWEN SHILIU PIAN

姬　昌　刘　邦　诸葛亮等 / 著
李孝国　董立平 / 译注

出版发行：安徽师范大学出版社
芜湖市九华南路 189 号安徽师范大学花津校区
邮政编码：241002
网　　址：http://www.ahnupress.com/
发 行 部：0553-3883578 5910327 5910310（传真）E-mail：asdcbsfxb@126.com
印　　刷：北京东君印刷有限公司
版　　次：2015 年 6 月第 1 版
印　　次：2015 年 6 月第 1 次印刷
规　　格：640mm × 940mm　1/16
印　　张：15.5
字　　数：154 千
书　　号：ISBN 978-7-5676-1949-4
定　　价：29.80 元

编者的话

忠厚传家远，诗书继世长。在华夏大地几千年的文明发展中，“传”和“继”占据着举足轻重的地位。纵观历史上先贤的家训，里面既包含了他们对后世子孙的谆谆教诲，同时也是对自身人生经验发自肺腑的总结。

在编写的过程中，我们感受最深的是，作为写给后世子孙的家训，这些文章少了冠冕堂皇的高调，多了很多亲切感，更容易直入人心。读完每一篇文章，一个个立体可亲的先贤形象就活灵活现地呈现在眼前。读先贤的家训，即便对我们这些攀不上关系的后辈，也是受益匪浅的。当然，从更宽泛的意义上讲，同样是华夏子孙，我们又真的算是他们的后生晚辈。这样说来，再读这些字字珠玑，凭空多了很多代入感。有人说，中国现在不缺少对孩子的教育，缺乏的是对父母的教育。而先贤的家训，当然可以为现在的父母教育子女提供借鉴，而对父母自己，又何尝不是一次先贤智慧的洗礼。

出于读者阅读时间的考虑，“诫子书”系列丛书并没有收入所有先贤家训，而是进行了有针对性的遴选。遴选的原则，一是作者和内容的知名度。我们收入的家训、诫子书作者，以大家耳熟能详的古代名人为主，同时参以一些作者虽然稍弱，但传播范围极广、极具代表性的名篇。二是时间的跨度。从先秦时代开始，直至民国以前，我们尽可能收入每个朝代具有代表性的家训名篇。三是作者家庭背景的多样性。作者既有天子王侯，也有将相名臣，还有名士贤达。有出身布衣的草根，也有几代官宦的世家大族子弟。有立志闲云野鹤、耕读传家的，也有一心求名利、立志闻达天下的。

在处理古籍上，我们的原则在于严格尊重古籍原本，每一篇文章都依照古籍原文收入，不做任何删减和加工，保证读者读到的是原汁原味的全文。每篇文章我们都认真参校古籍，如果同一篇文章在不同古籍中都出现过，则尽可能找来不同版本互相参校。有些在网络上流传甚广的文章，比如刘基的《传家宝》等，由于无法找到确实的文字出处，我们也不得不忍痛割爱。之所以这样做，是要保证呈现在读者面前的内容都是严谨而又确实可信的。本系列丛书注释和翻译的文字也是几经推敲，仔细揣摩。当然，由于能力所限，我们也不可能做到尽善尽美，希望方家不吝赐教。

“先贤诫子书”系列丛书第一辑共六册，第一册为中短篇家训文章的集合，短小精悍，定名为《教子名文十六篇》，后面五册为古代已成书的家训佳作，内容更为系统全面。

在排版上，考虑到阅读的流畅性和文章的整体性，方便读者根据自己的情况在原文和译文中各取所需，我们将原文和译文分成独立的页面单独排版，注释排在原文中对应的内容出现的页。在每篇原文之前，会有对作者以及本文相关信息的介绍。

特此说明，敬请指正。

二零一五年三月

目录

诏太子发 / 周·姬昌

录自《逸周书》，参校《戒子通录》

本文为周文王姬昌教导其子周武王姬发的记载，分别收入《逸周书》的“文儆解”和“文传解”。周文王姬昌为周王朝奠基人，历史上有名的仁德圣贤之主，除开疆拓土、使“天下三分，其二归周”外，更创周礼，著《周易》。在文王之后，其子武王姬发更一举推翻商纣的统治，建立了西周王朝。

原文

维文王告梦[①]，惧后嗣之无保，庚辰，诏[②]太子发曰："汝敬之哉！民物[③]多变，民何向非利？利维生痛，痛维生乐，乐维生礼，礼维生义，义维生仁。呜呼，敬之哉！民之适败，上察下遂信[④]。何向非私？私维生抗，抗维生夺，夺维生乱，乱维生亡，亡维生死。呜呼，敬之哉！汝慎守勿失，以诏有司，夙夜勿忘，若民之向引[⑤]。汝何慎非遂[⑥]？遂时不远。非本非标，非微非辉[⑦]。

---

① 告梦：将梦中所见情形告知他人。

② 诏：告诉，告诫。

③ 民物：民情，风俗。

④ 上察下遂信：在上之君明察秋毫，在下之民才能做到诚信。

⑤ 若民之向引：顺民心所向引导他们。若，顺。

⑥ 汝何慎非遂：原为"汝慎何非遂"，据卢文弨校勘本修订。你谨慎坚守你的为政之道，宏图大业又怎么会不实现。遂，实现。

⑦ 非本非标，非微非辉：没有本根，就没有末梢；不积微小，就没有大显之时。标，末也。辉，显著，显明。

壤非壤不高[①]，水非水不流。呜呼，敬之哉！倍本者槁。汝何葆非监[②]？不维一保监，顺时维周于民之适败[③]，无有时盖[④]。后戒后戒。谋念勿择[⑤]。”

文王受命[⑥]之九年，时维暮春[⑦]，在鄗。召太子发，曰：“呜呼！我身老矣，吾语汝。我所保所守，守之哉！厚德广惠[⑧]，忠信爱人，君子之行。不为骄侈[⑨]，不为靡泰[⑩]，不淫于美[⑪]，括柱茅茨[⑫]，为爱费。山林非时，不升斤斧[⑬]，以成草木之长；川泽非时，不入网罟[⑭]，以成鱼鳖之长；不麛不卵[⑮]，以成鸟兽之

---

① 壤非壤不高：如果没有土壤的累积，就不会有高起的土丘。

② 汝何葆非监：你怎么能不保护你治理的百姓。葆，同“保”。监，治理，监察。

③ 顺时维周于民之适败：顺着民心所向，全面了解子民为何落入穷困的境地。时，即民心之所向。周，周遍察看，全面了解。

④ 无有时盖：任何时候都不能有所懈怠。盖，怠。

⑤ 谋念勿择：这件事应该常常记在心上，不能厌倦。择，同“斁”，厌也。

⑥ 受命：受天子之命为西伯，得以专征伐。

⑦ 暮春：春天最后一段时间。

⑧ 厚德广惠：提高自己的品德，广施仁爱。

⑨ 骄侈：骄纵奢侈。

⑩ 靡泰：生活糜烂安逸。靡，同“糜”。

⑪ 不淫于美：不沉溺于器物之美。

⑫ 括柱茅茨：柱子不事雕刻，屋顶用茅草覆盖。比喻节俭。

⑬ 斤斧：砍木头用的斧头。

⑭ 网罟：捕鱼的工具。

⑮ 不麛不卵：不擅取野兽初生的幼崽和鸟卵。麛，兽初生。

长。畋渔[①]以时，童不夭胎[②]，马不驰骛，土不失宜。土可犯，材可蓄[③]。润湿不谷，树之竹、苇、莞、蒲。砾石不可谷，树之葛、木，以为絺绤[④]，以为材用。故凡土地之闲者，圣人裁之，并为民利。是鱼鳖归其泉，鸟归其林。孤寡辛苦[⑤]，咸赖其生。山以遂其材，工匠以为其器，百物以平其利，商贾以通其货。工不失其务，农不失其时，是谓和德。土多民少，非其土也；土少人多，非其人也。是故土多，发政以漕[⑥]四方，四方流[⑦]之；土少，安帑而外其务，方输[⑧]。《夏箴》[⑨]曰：中不容利，民乃外次。《开望》[⑩]曰：土广无守，可袭伐[⑪]；土狭无食，可围竭[⑫]。二祸之来，不称之灾。天有四殃，

---

① 畋渔：打猎和捕鱼。

② 童不夭胎：唐大沛认为此处脱二字，应为“不杀童，不夭胎”。意为不杀幼崽，不伤害怀胎的母兽。

③ 土可犯，材可蓄：土壤可以用来烧制为器，木材可以积聚起来使用。犯，同“范”。

④ 絺绤：葛布的统称。葛之细者曰絺，粗者曰绤。

⑤ 孤寡辛苦：皆无力耕作之人，“孤寡”不能概括，因此补以“辛苦”总括之。

⑥ 漕：通过水道运送粮食。

⑦ 流：迁徙。

⑧ 安帑而外其务，方输：君主安顿百姓的妻儿，让他们能安心出外工作，赚取资财运送回国内。

⑨《夏箴》：夏禹的箴言戒书，书的内容已不可考。

⑩《开望》：古书名，内容不可考，丁宗洛认为疑似《启筮》之误，刘师培认为疑似《开筮》之误。

⑪ 袭伐：声罪讨伐。

⑫ 围竭：围将起来，使粮食用尽。

水、旱、饥、荒，其至无时。非务积聚，何以备之？《夏箴》曰：小人无兼年[①]之食，遇天饥，妻子非其有也；大夫无兼年之食，遇天饥，臣妾舆马非其有也。戒之哉！弗思弗行[②]，至无日矣。不明开塞禁舍[③]者，其如天下何？人各修其学而尊其名，圣人制之。故诸横生[④]尽以养从，从生[⑤]尽以养一丈夫[⑥]。无杀夭胎，无伐不成材，无堕四时，如此者十年，有十年之积者，王；有五年之积者，霸；无一年之积者，亡。生十杀一者，物十重[⑦]；生一杀十者，物顿空。十重者王，顿空者亡。兵强胜人，人强胜天。能制其有者，则能制人之有；不能制其有者，则人制之。令行禁止，王始也。出一[⑧]曰神明，出二曰分光[⑨]，出三曰无适异[⑩]，出四曰无适与[⑪]。无适与者亡。

---

① 兼年：两年。

② 弗思弗行：不放在心上，不努力去避免问题的发生。

③ 开塞禁舍：开放和闭锁，禁罚和赦免。

④ 诸横生：万物。

⑤ 从生：人，百姓。

⑥ 一丈夫：天子。

⑦ 物十重：极言物之多。重，倍。

⑧ 出一：政令全都从一个地方发出，意指国家的权力都集中在君主手中。

⑨ 分光：分其任于臣，言不能独理。

⑩ 无适异：各不相同，言混乱。

⑪ 无适与：百姓不知道该听谁的。

译文

周文王告诉左右之人自己梦中所发生之事，担心以后自己的子孙不能守住基业。庚辰日，告诫太子姬发："你要警惕啊！民情多变。民心趋向哪个君主不都是因为利益吗？在追求利益的过程中一定会产生痛苦，知道追求利益的痛苦之后才明白要知足常乐，能做到知足常乐，看淡名利，人就更注重礼仪。能够遵循礼仪行事，就可以做到诸事合宜。行事处处讲究礼、义，处事得当，就会被他人爱戴，成为仁爱之人。呜呼，你要警惕啊！民众之所以会落入穷困的境地，是因为民众不会主动讲信义，只有在在上之君明察秋毫的情况下，在下之民才能做到诚信。百姓哪一个没有私心？有私心必然有利益冲突，就会产生对抗。相对抗就会发生抢夺，有抢夺就会发生祸乱，有祸乱就会有人逃亡，逃亡无所依靠就只剩下死路一条。呜呼，你要警惕啊！你要小心坚守自己的为政之道不容有失，并且要求各级官员时刻牢记并遵循你的为政之道，一定要顺着民心所向来引导他们。如果能小心坚守自己的为政之道，你的宏图大志怎么可能不实现？实现天下大治其实并不遥远。没有根本就没有末梢，不积微小，就没有大显于天下的时候。如果没有土壤的累积，就不会有高起的土丘；水不汇流成河，也不会流动。呜呼，你要警惕啊！树木如果背离本根就会枯死，你又怎么能不保护你治理的百姓呢？你不只是保护你治理的百姓，更要顺着民心所向，全面了解百姓为什么落入穷困的境地，任何时候都不能有所懈怠。要警惕啊！这件事应该常常记在心上，不能厌倦。

文王受命为西伯的第九年，暮春三月，文王在镐京召见太子姬发，说："呜呼！我老了，有些话想告诫你。我坚守的为政之道，你一定要坚持下去！提高自己的品德，广施仁爱，忠信爱人，这是君子的德行。不做骄纵奢侈之事，生活不糜烂安逸，不沉溺于器物之美，柱子不事雕刻，屋顶用茅草覆盖，为百姓珍惜用度。山林不到木材长成的季节不砍伐，以成就草木的生长；河流湖泊不到鱼鳖长成的季节不下渔网，以成就鱼鳖的生长；不擅取野兽初生的幼崽和鸟卵，以成就鸟兽的生长。打猎和捕鱼都讲究节气，不杀幼崽，不伤害怀胎的母兽，不在不恰当的时间纵马围猎，土地才能得到必要的休养生息。土壤可以用来烧制成器具，木材可以积聚起来使用。低湿的地方不能种谷物，就种上竹子、芦苇、水葱、香蒲；土壤里有砾石不能种谷物，就种上葛藤与树木，用以织成葛布和用作木材。凡是空闲的土地，圣人都会筹划使用，为民众谋利益。鱼类都要回到水里，鸟兽都要回去山林。因为没有耕作能力的人，都要靠捕鱼和打猎为生。山林长成木材，工匠用来制成器物，各种器物制成后都能获得公平的利润，借助商人实现流通。工匠不失掉工作，农夫不耽误农时，这就是和谐。国家土地多百姓少，土地将来就可能不是他的土地了。国家土地少百姓多，百姓将来就可能不是他的百姓了。因此，国家土地多，就下令向四方运送粮食，另一方面四方的百姓因为这里有更多的土地耕种，也会向这里迁徙；国家土地少，君主就安顿百姓的妻儿，让他们安心出外工作，赚取资财运送回国内。《夏箴》里说：国内不能创造并保有财富，百姓就会向外迁徙。《开望》里说：土地辽阔却无人防守的，可以声罪讨伐；土地狭小没有粮食的，可以把它围起来，等待它自己粮食用尽。这两种祸患的发生，都不能称之为天灾。天有四种灾祸：水灾、旱灾、饥年、荒年，它们的到来没有规律。如果不储备粮食，又怎么能应付呢？《夏箴》里说：平民百姓没有够吃两年的粮食，遇上饥荒，就不能保护自己的妻子儿女；国家的大夫没有够吃两年的粮食，遇上饥荒，就无法继续保有自己的奴隶、侍妾以及车马。警惕啊！如果不把天灾放在心上，不努力去避免问题的发生，那灾难随时都会到来。不明白国家何时开放和闭锁、百姓何时禁罚和赦免的道理，又怎么能治理好国家呢？人人修习自己的学问，珍惜自己的名声，圣人倡导的道德就可以约束他们。万物可以养育百姓，百姓要努力工作奉养天子。一个国家不杀怀胎的母兽，不砍未成材的树木，不错过农时，像这样坚持十年，就会有十年的积蓄，君主就有资格称王了；坚持五年，就有五年的积蓄，君主就有资格称霸了；一年都坚持不了，没有什么积蓄的，国家最终就会灭亡。生十个杀一个，财富就会越积越多；生一个杀十个，财富总有一天会用尽。财富越积越多的最终能称王，财富用尽的总有一天会灭亡。兵力强盛就能战胜别人，人强大就能战胜自然。能控制自己所拥有的，就能控制别人；不能控制自己所拥有的，就会被别人控制。令行禁止，是王道的开始。政令全都从一个地方发出，说明国君圣明；政令从两个地方发出，说明国君已经没能力独自管理这个国家了；政令从三个地方发出，就会造成国家管理的混乱；政令从四个地方发出的，百姓就不知道该听谁的了。百姓不知道该听谁的，国家必将走向灭亡。

诫伯禽书 / 周·周公旦

录自《说苑·敬慎》，参校《戒子通录》

本文为周公旦训诫其子伯禽的记载，汉代刘向整理的《说苑》收录。周公旦为周文王姬昌第四子，武王姬发同母弟，西周初期著名贤臣，曾助武王灭商，辅成王治国，平定三监之乱，营建成周，制礼作乐。功成之后，能主动还政于成王，儒家尊为“元圣”。伯禽为周公长子，鲁国第一任君主，以周礼治国，使鲁国享有“礼义之邦”的美称。

原文

昔成王封周公，周公辞不受，乃封周公子伯禽于鲁。将辞去，周公戒之曰："去矣！子其无以鲁国骄士[①]矣。我，文王之子也，武王之弟也，今王之叔父也，又相[②]天子，吾于天下亦不轻矣。然尝一沐三握发，一食而三吐哺[③]，犹恐失天下之士。吾闻之曰，德行广大而守以恭者荣，土地博裕[④]而守以俭者安，禄位尊盛而守以卑者贵，人众兵强而守以畏者胜，聪明睿智而守以愚者益，博闻[⑤]多记而守以浅者广。此

① 骄士：怠慢、轻视人才。

② 相：辅佐，扶助。

③ 一沐三握发，一食而三吐哺：为了能及时接见贤士，我也曾经在洗一次头的时间，停下来用手攥住头发三次，不敢让贤士等我；吃一顿饭的工夫，把含在口中的食物吐出来三次，唯恐失去天下贤士的心。比喻求贤心切。沐，洗头。握，用手攥住。哺，口中含的食物。

④ 博裕：广阔富饶。

⑤ 博闻：见闻广博。

六守者，皆谦德也。夫贵为天子，富有四海，不谦者先天下亡其身，桀、纣是也，可不慎乎！故《易》曰：有一道，大足以守天下，中足以守国家，小足以守其身，谦之谓也。夫天道毁满而益谦[①]，地道变满而流谦[②]，鬼神害满而福谦，人道恶满而好谦。是以衣成则缺衽[③]，宫成则缺隅[④]，屋成则加错[⑤]，示不成者，天道然也。《易》曰：谦亨[⑥]，君子有终，吉。诗曰：汤降不迟，圣敬日跻[⑦]。其戒之哉！子其无以鲁国骄士矣。”

---

① 天道毁满而益谦：天之道，会损毁自满的，补足不自满的。

② 地道变满而流谦：地之道，会使自满的溢出，流向不自满的。

③ 衽：衣襟。

④ 隅：角落。

⑤ 加错：增加错落。

⑥ 谦亨：谦虚则亨通。

⑦ 汤降不迟，圣敬日跻：成汤降生适逢其时，明哲圣德日益增进。

译文

当年周成王册封周公，周公推辞，于是成王便将鲁地封给周公的儿子伯禽。伯禽在即将赴鲁上任前向周公辞行，周公告诫他说：“去吧！到了鲁国，你千万不要因为是鲁国的君主就怠慢有才能的人。我是文王的亲儿子，武王的弟弟，当今成王的叔父，并且又官居宰相，辅佐天子，对天下人而言，我也算是国之重臣。但就为了能及时接见贤士，我也曾经在洗一次头的时间，停下来用手攥住头发三次，不敢让贤士等我；吃一顿饭的工夫，把含在口中的食物吐出来三次，唯恐失去天下有才能人的心。我听说，德行广大却能恭敬待人，就会赢得荣耀；土地广阔富饶却能做到勤俭，就能长保国运；官高位尊却以谦卑自持，就能长保富贵；百姓众多、兵强马壮却能心怀敬畏，就能常胜不败；聪明睿智却总认为自己愚钝无知，就能获益良多；博闻强记却自觉浅陋，那就会见识更广。这六点都是谦虚的美德。贵为天子，富有四海，却因为一味自大招致身死国丧，就会有夏桀和商纣那样的下场，又怎能不谨慎自持！因此《易》称：有一个道理，如果按这个道理去做，大能保住天下，中能保住一个国家，小也能保全自身，这个道理就是谦虚。天之道，会损毁自满的，补足不自满的；地之道，会使自满的溢出，流向不自满的；鬼神之道，会伤害自满的，而赐福给不自满的；人之道，讨厌自满的，而喜欢不自满的。所以衣服做成之后会有意缺衣襟，宫殿建成之后会有意缺一个角落，屋子盖成之后会有意增加错落，就是为了故意显示并非十全十美，因为天道本来就是这样的。《易》称：谦虚则亨通，道德高尚的人都会有好的结局，大吉。有诗写道：成汤上合天心，降生适逢其时，明哲圣德日益增进。要警惕啊！千万不要因为是鲁国的君主就怠慢有才能的人。”

手敕太子书 / 汉 · 刘邦

录自《古文苑》

本文是汉高祖刘邦病危时写给长子刘盈的一封敕书，收入古诗文总集《古文苑》。刘邦出身草莽，因响应陈胜、吴广起义起兵反秦。后与楚霸王项羽争夺天下，最终成就霸业，建立大汉王朝，是为汉高祖。太子，即刘盈，为刘邦和吕后之子，即后来的汉惠帝，班固评价他为“宽仁之主”。

原文

吾遭乱世，当秦禁学[①]，自喜，谓读书无益。洎[②]践祚[③]以来，时方省书乃使人知作者[④]之意。追思昔所行，多不是。

尧、舜不以天下与子而与他人，此非为不惜天下，但子不中立[⑤]耳。人有好牛马尚惜，况天下耶？吾以尔是元子[⑥]，早有立意[⑦]。群臣咸称汝友四皓[⑧]，吾所不能致，而为汝来，为可任大事也。今定汝为嗣。

---

① 禁学：禁止百姓读书求学。

② 洎：及，到。

③ 践祚：即位，登基。

④ 作者：创始之人。

⑤ 中立：中正独立。

⑥ 元子：天子和诸侯的嫡长子。

⑦ 立意：立你为太子的意思。

⑧ 友四皓：与四皓为友。四皓，秦末隐居商山的东园公、甪里先生、绮里季、夏黄公，四人须眉皆白，故称“商山四皓”，为当时贤士。高祖召，不应。后高祖欲废太子，吕后用张良计，迎四皓，使辅太子。

吾生不学书，但读书问字而遂知耳。以此故不大工[①]，然亦足自辞解[②]。今视汝书，犹不如吾。汝可勤学习，每上疏宜自书，勿使人也。

汝见萧、曹、张、陈诸公侯，吾同时人，倍年[③]于汝者，皆拜。并语于汝诸弟。

吾得疾遂困[④]，以如意母子相累[⑤]。其余诸儿皆足自立，哀此儿犹小也。

---

① 工：擅长。

② 亦足自辞解：也足够用来表达自己的意思。

③ 倍年：年龄大一倍左右。

④ 困：陷在艰难困苦或无法摆脱的环境中。

⑤ 累：烦劳，托付。

译文

我生逢乱世，正赶上秦朝焚书坑儒，禁止百姓读书求学，我很开心，因为我一直都认为读书没什么用处。直到登基，我方才明白书是为了让人了解先贤开创道德、学问的意图。回想以前的所作所为，实在有很多不对的地方。

古代圣王尧、舜不把天下传给自己的儿子，却让给别人，并不是不珍惜天下，而是因为他的儿子不能中正独立，不足以担当大任。人们有名种的牛马都很珍惜，况且是天下呢？你是我的嫡长子，我早就有意立你为我的继承人。大臣们都称赞你能够和商山四皓那样的贤人做朋友，我曾经想邀请他们都没有成功，现在却能为你而来，看来你完全可以担当大任。现在我决定立你为我的继承人。

我平生没有认真学习过写文章，不过是通过读书问字了解一些而已，因此文章写得不大工整，但还算能够表达自己的意思。现在看你写的文章，还不如我。你应当勤奋学习，每次呈上的奏议都应该自己写，不要让人代笔。

萧何、曹参、张良、陈平他们，都是和我同一辈的公侯，岁数比你都大上一倍有余，你见到他们一定要依礼下拜。另外你也要把这些话转告你的弟弟们。

我一病不起，唯有把如意母子托付给你。我其他的儿子都可以自立了，只是可惜如意这个孩子，他还太小了。

诫子书 / 汉 · 东方朔

录自《艺文类聚》

本文为西汉东方朔训诫儿子的记载,《艺文类聚》收录。东方朔，本姓张，字曼倩，西汉著名文学家。汉武帝即位后，征四方士人，东方朔上书自荐，诏拜为郎。他性格诙谐，言词敏捷，滑稽多智，常在武帝前谈笑取乐。

原文

明者处事，莫尚于中[①]，优哉游哉[②]，与道相从。首阳[③]为拙，柳惠[④]为工。饱食安步[⑤]，以仕代农。依隐玩世，诡时不逢[⑥]。是故才尽者身危，好名者得华，有群者累生[⑦]，孤贵者失和[⑧]，遗余者不匮，自尽者无多。圣人之道，一龙一蛇[⑨]，形见神藏，与物变化，随时之宜，无有常家[⑩]。

---

① 中：处事不偏不倚，无过与不及。

② 优哉游哉：从容自在。

③ 首阳：代指伯夷、叔齐，二人因反对周武王伐纣而隐居首阳山，后拒食周粟而死。

④ 柳惠：即柳下惠，春秋时鲁国大夫，他为人随和，但能坚守正道。

⑤ 安步：缓步徐行。

⑥ 依隐玩世，诡时不逢：身在朝廷而恬淡谦退，过着隐者般悠然的生活，虽不迎合时势，却也不会遭到迫害。

⑦ 有群者累生：众望所归的人忙碌一生。

⑧ 孤贵者失和：自命清高的人很难得到众人的支持。

⑨ 一龙一蛇：出自《庄子·山木》：“无誉无訾，一龙一蛇，与时俱化。”比喻人的处藏或出处，或显或隐，随着情况的不同而变更。

⑩ 常家：常师。

译文

明智的人处世，最崇尚中庸之道，看上去从容自在，处事自然不偏不倚。像伯夷、叔齐这样的君子虽然清高，却显得固执，处事不够聪明。而柳下惠既能秉持正道，又懂得变通，不论治世、乱世都不改常态，正是最高明巧妙的人。丰衣足食，悠然自得，大隐隐于朝，而不是意气用事，退隐归田。身在朝廷也能恬淡谦退，过着隐者般悠闲的生活，虽不迎合时势，却也不会遭到迫害。有才华的人一旦锋芒毕露，就会使自己身处险境。凡事左右逢源，所有人都不得罪的却能荣华富贵。众望所归的人忙碌一生，自命清高的人很难得到众人的支持。凡事留有余地的不会走投无路，凡事较真危难时却经常没人帮。圣人处世，行、藏、动、静随环境的不同而变化，有时光彩四射，傲视天下，有时缄默蛰伏，莫测高深。圣人能随着事物的变化采用最合适的处世之道，绝不会拘泥于固定的套路。

诫兄子严、敦书 / 东汉·马援

录自《艺文类聚》，参校《后汉书·马援列传》

本文为东汉光武帝时伏波将军马援训诫其兄之子马严、马敦的家书，《后汉书·马援列传》有记载。马援，字文渊，一代名将，东汉开国功臣之一，官伏波将军，封新息侯。他大半生都在安定边疆的战事中度过，其老当益壮、马革裹尸的气概甚得后人的崇敬。其侄马严、马敦后均贤良，号曰“钜下二卿”。

原文

初，兄子严、敦并喜讥议[①]，而通轻[②]侠客。援前在交趾[③]，还书[④]诫之曰："吾欲汝曹[⑤]闻人过失如闻父母之名，耳可得闻，口不可得言也。好议论人长短，妄是非正法[⑥]，此吾所大恶也，宁死不愿闻子孙有此行也。汝曹知吾恶之甚矣，所以复言[⑦]者，施衿结缡[⑧]，申父母之戒，欲使汝曹不忘之耳。

① 讥议：讥讽议论。

② 通轻：结交。

③ 交趾：汉郡，相当于现在越南北部。

④ 还书：致信。

⑤ 汝曹：你们。

⑥ 正法：正当的法制。

⑦ 复言：一再强调。

⑧ 施衿结缡：本指古代女子出嫁，母亲将系衣裳的带子和佩巾结于其身。后喻父母对子女的教训。衿，系衣裳的带子。缡，佩巾。

龙伯高[1]敦厚周慎[2]，口无择言[3]，谦约节俭，廉公[4]有威。吾爱之重之，愿汝曹效之。杜季良[5]豪侠好义，忧人之忧，乐人之乐，清浊无所失。父丧致客[6]，数郡毕至。吾爱之重之，不愿汝曹效也。效伯高不得，犹为谨敕[7]之士，所谓'刻鹄不成尚类鹜[8]'者也。效季良不得，陷为天下轻薄子[9]，所谓'画虎不成反类狗'者也。讫今季良尚未可知，郡将[10]下车辄切齿，州郡以为言[11]，吾常为寒心，是以不愿子孙效也。"

---

① 龙伯高：汉光武帝时曾为零陵太守，孝悌于家，忠贞于国。

② 周慎：周密谨慎。

③ 口无择言：说出来的话都很有道理，讲话时无需斟酌。

④ 廉公：清廉公正。

⑤ 杜季良：东汉时期人，官至越骑司马，马援的好友。

⑥ 致客：请客人来吊丧。

⑦ 谨敕：谨慎自饬，约束自己的言行。

⑧ 刻鹄不成尚类鹜：雕刻鸿鹄这样飞得高远的鸟不成，至少还可以雕得像一只野鸭子。

⑨ 轻薄子：纨绔子弟。

⑩ 郡将：郡守。郡守兼领武事，故称。

⑪ 州郡以为言：州郡内的百姓也时常非议他，意见很大。

译文

我兄长的儿子马严和马敦曾经都喜欢讥讽、议论别人，而且爱与侠士结交。我此前在交趾的时候，就写信告诫他们：“我希望你们听到别人的过失像听见自己父母的名字一样，耳朵虽然听到，但口中绝不可以议论。喜欢议论别人的长处和短处，胡乱评论朝廷的法制，这些都是我深恶痛绝的，我宁死也不愿自己的子孙有这样的行为。你们理应知道我非常厌恶这样的行为，我之所以又反复强调这一点，就像父母在女儿出嫁时反复告诫嫁人后应守的规矩一样，是希望你们牢记这一点，一定不要忘记。龙伯高这个人敦厚老实，讲话周密谨慎，都很有道理，从不需要斟酌。他谦虚谨慎，节俭有道，廉洁公正，讲出来的话很有威信。我喜欢他，敬重他，希望你们向他学习。杜季良这个人豪气侠义，很有正义感，把别人的烦恼当作自己的烦恼，把别人的快乐当作自己的快乐，无论好人、坏人都结交。他的父亲去世时请客人来吊丧，几个郡的人都来吊唁。我喜欢他，敬重他，但不希望你们效仿他。因为学习龙伯高不成，还可以成为谨慎自守的人，正所谓‘雕刻鸿鹄这样飞得高远的鸟不成，至少还可以雕得像一只野鸭子’。你们学习杜季良不成，那就会变成纨绔子弟，正所谓‘画老虎这样威猛的野兽不成，反倒画成了奴颜婢膝的狗’。到现今杜季良还不知道，每任郡守一到任就对他咬牙切齿，愤恨不已，州郡内的百姓也时常非议他，意见很大。我时常替他寒心，这就是我不愿意你们效仿他的原因。”

诫子书 / 三国·诸葛亮

录自《艺文类聚》

本文为蜀汉名相诸葛亮训诫儿子的家书，收入《诸葛亮集》及《艺文类聚》、《太平御览》等，后被千古传诵。文章短小精悍，阐述修身养性、治学做人的深刻道理，读来发人深省。诸葛亮，字孔明，三国时蜀汉丞相。诸葛亮一生“鞠躬尽瘁、死而后已”，是中国传统文化中忠臣与智者的代表人物。

原文

夫君子之行，静以修身，俭以养德。非澹泊[①]无以明志，非宁静无以致远。夫学须静也，才须学也，非学无以广才[②]，非志无以成学。慆慢[③]则不能励精[④]，险躁[⑤]则不能冶性。年与时驰，意与岁去[⑥]，遂成枯落[⑦]。多不接世，悲守穷庐[⑧]，将复何及也！

---

① 澹泊：恬淡寡欲，不追求名利。

② 非学无以广才：不学习就无从增长知识，提高才干。

③ 慆慢：怠慢，怠惰。

④ 励精：振奋精神，致力于某种事业。

⑤ 险躁：轻薄浮躁。

⑥ 年与时驰，意与岁去：年华随时间流逝，意志随岁月消磨。

⑦ 枯落：凋落，衰残。

⑧ 穷庐：贫贱者居住的房子。

译文

君子品德的养成，靠静心来修身，靠俭朴来磨砺德行。做不到恬淡寡欲、不追求名利，就不能彰显自己的远大志向。做不到静心，眼光就不能放长远。学习必须静心，才能需要通过学习获得。不学习就无法增长才干，没有目标就很难学有所成。放纵怠慢就不能振奋精神，轻薄浮躁就不能陶冶性情。年华随时光而飞驰，意志随岁月而消磨，最终都会像枯枝败叶一样凋落。如果对社会没有任何贡献，晚年就只能空守着破房子痛心过去，到时后悔又怎来得及！

与子俨等疏 / 晋 · 陶渊明

录自《陶渊明集》，参校《戒子通录》

本文是大诗人陶渊明在五十出头时，因经历一场病患，在“自恐大分将有限”的心情下，写给五个儿子的家信，收入《陶渊明集》。俨，和正文第一句中的“俟、份、佚、佟”均是陶渊明的儿子。陶渊明，字元亮，又名潜，私谥“靖节”，世称靖节先生。东晋末至南朝宋初期伟大的诗人、辞赋家，传世名篇有《桃花源记》等。他是中国第一位田园诗人，被称为“古今隐逸诗人之宗”。

原文

告俨、俟、份、佚、佟：天地赋命[①]，生必有死。自古圣贤，谁能独免？子夏[②]有言曰："死生有命，富贵在天。"四友[③]之人，亲受音旨[④]，发斯谈者，将非穷达不可妄求，寿夭永无外请[⑤]故耶？

吾年过五十，少而穷苦，每以家弊[⑥]东西游走。性刚才拙，与物多忤[⑦]。自量为己，必贻俗患[⑧]，僶俛辞世[⑨]，使汝等幼

---

① 赋命：赋予人生命。

② 子夏：姓卜名商，字子夏，孔子弟子。

③ 四友：孔子四友。据《孔丛子》记载，孔子四友为颜回、子贡、子张、子路。

④ 音旨：孔子的教诲。旨，要义。

⑤ 寿夭永无外请：寿命的长短永远无法在命定之外求到。

⑥ 家弊：家境贫寒。

⑦ 与物多忤：与社会风气多不相合。忤，抵触，不顺从。

⑧ 俗患：指世俗官场的排挤。

⑨ 僶俛辞世：勉力弃官隐居。僶俛，勉力。

而饥寒。余尝感孺仲贤妻之言[①]，败絮[②]自拥，何惭儿子[③]？此既一事矣。但恨邻靡二仲[④]，室无莱妇[⑤]，抱兹苦心，良独内愧。

少学琴书，偶爱闲静[⑥]，开卷有得，便欣然忘食。见树木交荫[⑦]，时鸟变声[⑧]，亦复欢然有喜。常言，五六月中，北窗下卧，遇凉风暂至，自谓是羲皇上人[⑨]。意浅识罕，谓斯言可

---

① 孺仲贤妻之言：孺仲，东汉王霸，字孺仲。王霸与同郡令狐子伯为友，后子伯为楚相，乃令子奉书于霸，车马服从，雍容华贵。霸子时方耕于野，投耒而归，见令狐子，有愧容，客去而久卧不起。妻问其故，始不肯告，妻请罪，而后言曰："吾与子伯素不相若，向见其子容服甚光，举措有适，而我儿曹蓬发历齿，未知礼则，见客而有惭色。父子恩深，不觉自失耳。"妻曰："君少修清节，不顾荣禄。今子伯之贵孰与君之高？奈何忘宿志而惭于儿女乎？"

② 败絮：破棉袄。

③ 何惭儿子：又何必为儿子的贫寒而惭愧。

④ 邻靡二仲：找不到汉朝时二仲那样的人作邻居。二仲，汉朝时的求仲、羊仲，他们是东汉隐士蒋诩的邻居，蒋诩退隐以后，除了和二仲交往外，断绝了与其他任何人的交往。

⑤ 莱妇：老莱子的妻子。春秋时楚国的老莱子，在蒙山之南隐居躬耕。楚王用重礼来聘请他做官。他的妻子竭力劝止他说："今先生食人酒肉，受人官禄，为人所制也，能免于患乎？"老莱子便与妻子一起逃隐于江南。

⑥ 闲静：安闲宁静。

⑦ 树木交荫：树木枝叶交错成荫。

⑧ 时鸟变声：不同季节中有不同的鸟鸣声。

⑨ 羲皇上人：伏羲氏以前的人，泛指上古时代的人。羲皇，指伏羲氏，传说中的上古帝王。

保。日月遂往，机巧好疏[①]，缅求[②]在昔，眇然如何！

疾患以来，渐就衰损。亲旧不遗[③]，每以药石[④]见救，自恐大分[⑤]将有限也。汝辈稚小家贫，每役柴水之劳[⑥]，何时可免？念之在心，若何可言！然汝等虽曰同生，当思四海皆兄弟之义。鲍叔、管仲，分财无猜[⑦]；归生、伍举，班荆道旧[⑧]。遂能以败为成[⑨]，因丧立功[⑩]。他人尚尔，况同父之人哉！颍川韩元长，汉末名士，身处卿佐，八十而终，兄弟同居，至于

① 机巧好疏：实现这个愿望的机会十分渺茫。

② 缅求：远求。

③ 遗：放弃。

④ 药石：泛指药物。石，指治病的石针。

⑤ 大分：寿命。

⑥ 每役柴水之劳：经常被迫从事砍柴挑水的劳动。

⑦ 鲍叔、管仲，分财无猜：鲍叔、管仲共同做买卖，分钱的时候管仲总要多占一点，但是鲍叔不觉得他贪财，因为鲍叔知道他家里穷。无猜，没有猜忌。

⑧ 归生、伍举，班荆道旧：归生、伍举都是春秋时楚国人，二人交情很好，后来伍举因罪逃去晋国。在去晋国的路上与出使晋国的归生相遇。两人便在地上铺荆草，席地而坐，叙说昔日的情谊。归生回到楚国后对令尹子木说，楚国人才为晋国所用，对楚国不利。楚国于是召回伍举。

⑨ 以败为成：指管仲因得鲍叔的帮助而在屡次失败后走向成功。起初，管仲辅佐公子纠，鲍叔辅佐公子小白。后来公子小白打败了公子纠，即位为齐桓公，管仲被囚禁。后鲍叔向齐桓公极力推荐管仲。管仲被起用为相，辅佐齐桓公成就了霸业。

⑩ 因丧立功：指伍举在逃亡之中，因为得到归生的帮助回到楚国。回到楚国后，辅佐公子围继承了王位，就是楚灵王。

没齿。济北氾稚春，晋时操行人[1]也，七世同财[2]，家人无怨色。《诗》曰："高山仰止，景行行止[3]。"虽不能尔，至心尚之。汝其慎哉！吾复何言。

---

① 操行人：品行高尚的人。

② 同财：共同拥有财产，指不分家。

③ 高山仰止，景行行止：此二句语出《诗经·小雅·车辖》。意思是说：对古人崇高的道德敬仰若高山，对古人的高尚行为要效法和遵行。

译文

为父敬告我儿舒俨、宣俟、雍份、端佚、通佟：天地赋予人生命，有生就一定有死，自古以来，即便是圣贤，谁又能幸免呢？孔门弟子子夏曾经说过："是死是生有天命，富贵天注定。"像颜回、子贡、子张、子路这些亲自接受孔夫子教诲的人都发出这样的议论，难道不是因为命运的好坏不可妄求、寿命的长短永远无法在分外求到的缘故吗？

我已年过五十，年少时家里穷，经常因为缺吃少穿四处奔走。我本性刚直，才学低劣，常常无法认同当时的社会风气。如果我只为自己考虑，一意孤行，终不免招致世俗官场的排挤，因此索性弃官隐居，才使你们年纪轻轻就饱受饥寒。我曾经为东汉王霸之妻的话触动，既然立志隐居躬耕，为何还要为儿子蓬头垢面感到惭愧呢？王霸当时的处境和我面对的情况是一样的。我非常遗憾找不到像汉朝求仲、羊仲那样的人作邻居，家里也没有像老莱子妻子那样的贤妻。由于自己时常抱着贫苦自甘的心态，因此对妻儿实在很愧疚。

年少时学习弹琴写字，喜欢悠闲清净，读书有了心得，就高兴得忘了吃饭。看见树木交错，郁郁葱葱，听到不同季节时不同的鸟鸣声，就会十分开心。我经常说，五六月时，在北窗下躺着，偶尔凉风吹来，感觉自己就跟上古时代的人一样悠闲清净。我思想单纯，见识浅薄，以为有可能一直这样生活。随着时间的推移，我发现实现这个愿望的机会其实十分渺茫。而今再遥想当年，一切是多么虚无缥缈啊！

自从患病以来，我的身体每况愈下。尽管亲人故交没有放弃，经常求医问药来救我，但我自己知道，我在世间的日子很有限了。你们从小家境贫寒，经常被迫从事砍柴挑水的劳动，这到什么时候是个头呢？这些想法时时在我心里打转，我的愧疚无法用语言表达。虽然你们是亲兄弟，但不应该局限在一个家庭之内，应当把这种感情推而广之，把四海之内的同道中人都视为兄弟。鲍叔、管仲共同做买卖，分钱的时候管仲总要多占一点，但是鲍叔不觉得他贪财，因为鲍叔知道他家里穷。归生、伍举交情很好，后来伍举因罪逃往晋国。归生在旅途中与他相遇，二人在大路上席地而坐，共叙旧情，归生才明白原委，因此在令尹子木面前为伍举说情。就是在鲍叔的帮助下，管仲才能在屡次失败后取得成功；就是在归生的帮助下，伍举在因罪出逃后还能够回国立功。其他人尚且如此，何况你们是同一个父亲生的兄弟呢！颍川的韩元长是汉朝末年的名士，官居辅佐国君的执政大臣，活到了八十岁，兄弟几个一直居住在一起，直到终老。济北的氾稚春，是西晋时公认品行高尚的人，他家历经七代没分过家，家人也没有怨言。《诗经》里说："对古人崇高的道德敬仰若高山，对古人的高尚行为要效法和遵行。"即使不能做到前人那样，也要真诚地向往这样的境界。你们一定要谨言慎行啊！其他我就没什么好说的了。

符读书城南 / 唐·韩愈

录自《韩昌黎集》，参校《戒子通录》

本文为唐代大诗人韩愈教导儿子韩昶读书的诫子诗，收入《韩昌黎集》。符，即为韩昶的小名。唐诗名传天下，唐人教子，也经常采用诗的形式，而本文为诫子诗的代表作。韩愈，字退之，自谓郡望昌黎，世称韩昌黎。韩愈是唐代古文运动的倡导者，宋代苏轼称他“文起八代之衰”，明人推他为唐宋八大家之首，与柳宗元并称“韩柳”，有“文章巨公”和“百代文宗”之名。

原文

木之就规矩，在梓匠轮舆[①]。人之能为人，由腹有诗书。诗书勤乃有，不勤腹空虚。欲知学之力，贤愚同一初[②]。由其不能学，所入遂异闾[③]。两家各生子，提孩巧相如[④]。少长聚嬉戏，不殊同队[⑤]鱼。年至十二三，头角[⑥]稍相疏。二十渐乖张[⑦]，清沟映污渠。三十骨骼成，乃一龙一猪[⑧]。飞黄[⑨]腾踏去，

---

① 木之就规矩，在梓匠轮舆：木材能依靠圆规、曲尺的帮助做成各种物件，离不开木工和轮舆匠人的辛勤劳动。梓匠，木工。梓人造器具，匠人造房子。轮舆，制造车轮和木箱的人，泛指造车的工匠。

② 同一初：开始的时候都是相同的。

③ 异闾：走上不同的道路。闾，本为里巷的代称，此处引申为道路。

④ 提孩巧相如：小的时候聪明程度相仿。

⑤ 同队：同群，同列。

⑥ 头角：比喻青少年的气概或才华。

⑦ 乖张：不顺，不相合。

⑧ 一龙一猪：一是龙，一是猪。比喻同时的两个人，但高下差别极大，贤愚相去甚远。

⑨ 飞黄：古代传说中黄帝所乘的神马。

不能顾蟾蜍。一为马前卒，鞭背生虫蛆。一为公与相，潭潭[①]府中居。问之何因尔，学与不学欤。金璧[②]虽重宝，费用难贮储。学问藏之身，身在即有余。君子与小人，不系父母且[③]。不见公与相，起身自犁锄。不见三公[④]后，寒饥出无驴。文章岂不贵，经训乃菑畬[⑤]。潢潦[⑥]无根源，朝满夕已除。人不通今古，马牛而襟裾[⑦]。行身陷不义，况[⑧]望多名誉。时秋积雨霁，新凉入郊墟[⑨]。灯火稍可亲，简编可卷舒[⑩]。岂不旦夕念，为尔惜居诸[⑪]。恩义有相夺，作诗劝踌躇[⑫]。

---

① 潭潭：深广貌。

② 金璧：黄金和璧玉。

③ 且：用在句末，相当于“啊”。

④ 三公：古代最尊显的三个官职合称。

⑤ 经训乃菑畬：经籍义理的教育是根本。菑畬，耕稼，为民生之本，故以喻事物的根本。

⑥ 潢潦：地面低洼处的积水。

⑦ 马牛而襟裾：像马、牛穿上人的衣服。比喻没有头脑和无知。

⑧ 况：何况。

⑨ 郊墟：郊外，村野荒丘之间。

⑩ 卷舒：卷起与展开。

⑪ 居诸：语出《诗・邶风・日月》“日居月诸”，后借指光阴。

⑫ 踌躇：犹豫不决地踱来踱去。

译文

木材能依靠圆规、曲尺的帮助做成各种物件，离不开木工和轮舆匠人的辛勤劳动。人之所以能够成才，是因为腹有诗书。诗书的知识只有勤奋学习才能获得，不勤奋肚子里就会空空如也。人刚刚降生到世间，学习的能力都是一样的，并无贤愚之分。只因为是否勤学，所走的道路从此不同。两家都生了个孩子，生下来的时候一样聪明。年岁稍大，在一起玩耍嬉戏，就像同一个鱼群的鱼一样，没什么分别。到十二三岁，表现出来的才华开始稍有差距。到二十岁，二者差别就变得很大，就像一条臭水沟和一汪清水的不同。到三十岁，人已长成，他们的才华高下立判，能力相去甚远。一个已经像神马飞黄一样飞驰登天，都来不及看一眼地上像癞蛤蟆的另一个。一个就做了在马前吆喝开路的兵卒差役，背着鞭子的后背都腐烂生了蛆。一个就出将入相，住在深宅大院的府邸。如果要问原因是什么，根本上就在于勤学与否。

黄金和玉璧虽然是贵重的宝物，但却容易被人觊觎，难以保管和收藏。学有所成后学问永不离身，只要人在，就随时取用不尽。一个人最终成为君子还是小人，和父母没什么干系。从不见公侯将相亲自到农田耕作，也不见达官贵人的后人饥寒交迫，出门连驴骑都没有。读书作文怎么会不重要，经籍义理的教育是根本。地面低洼处的雨水没有源头，早晨还满满的，晚上就干涸了。人如果不懂得借鉴古今之事，就像牛马，即便穿着人的衣服，还是一样无知，立身行事都将深陷不义之地，更别提妄想得到什么好名声。现在时当秋天，久雨初晴，郊外已经开始有凉意了。此时正应该秉烛夜读，展卷用功，怎么能再刻板地区分什么时候是读书的时间，一定要珍惜光阴，不分昼夜地学习。疼爱、教导不能两全，特以此诗劝你莫要蹉跎。

戒子孙书 / 唐 · 柳玭

录自《新唐书·列传第八十八》，参校《全唐文》

本文是晚唐柳玭教育子孙的训诫，《新唐书·列传第八十八》全文收入，为古代世家大族教子的经典名篇，流传甚广。柳玭出身于唐朝后期高官世家，其祖父柳公绰（著名书法家柳公权的哥哥）曾担任过刑部尚书、兵部尚书，父亲柳仲郢担任过剑南东川节度使和刑部尚书，哥哥柳璧担任过谏议大夫，他本人也官至御史大夫。柳家世代为官，治家甚严，在社会上有很好的名声。

原文

大凡门第高者，一事坠先训，则异他人。虽生可以苟爵位，死不可见祖先地下。门高则自骄，族盛则人窥嫉。实艺懿行[①]，人未必信。纤瑕微累[②]，十手争指[③]矣。所以修己不得不至，为学不得不坚。夫士君子[④]生于世，己无能而望他人用，己无善而望他人爱，犹农夫卤莽[⑤]种之，而怨天泽不润，虽欲弗馁[⑥]，可乎？余幼闻先公仆射[⑦]言，立己以孝悌为

---

① 实艺懿行：真实的本领和美好的德行。

② 纤瑕微累：一点点瑕疵和微小的差错。

③ 十手争指：众人争相指责。

④ 士君子：泛指读书人。

⑤ 卤莽：苟且，马虎。

⑥ 馁：饥饿。

⑦ 先公仆射：柳玭故去的父亲柳仲郢仆射。仆射，唐代后期用为节度、观察等使的加官，用以表示其品秩的高下，虚职。

基，恭默[①]为本，畏怯[②]为务，勤俭为法。肥家[③]以忍、顺，保交[④]以简、恭，广记如不及，求名如傥来[⑤]，莅官则洁己省事，而后可以言家法[⑥]。家法备，然后可以言养人。直不近祸，廉不沽名。忧与祸不偕，洁与富不并。董生[⑦]有云："吊者在门，贺者在闾[⑧]。"言忧则恐惧，恐惧则福至。又曰："贺者在门，吊者在闾。"言受福则骄奢，骄奢则祸至。故世族远长与命位丰约，不假问龟蓍星数[⑨]，在处心行事而已。昭国里崔山南琯，子孙之盛，仕族[⑩]罕比。山南曾祖母长孙夫人，年高无齿，祖母唐夫人事姑孝，每旦，栉縰笄[⑪]，拜阶下，升堂乳姑[⑫]，长孙不粒食[⑬]者数年。一日病，言："无以报吾妇，冀子孙皆得如妇孝。"然则崔之门，安得不昌大乎？东都仁和里裴

① 恭默：恭敬缄默。

② 畏怯：原意为胆小怯懦，此应为谦辞，谨小慎微之意。

③ 肥家：治家。

④ 保交：维护交情。

⑤ 傥来：意外得来，偶然得到。语出《庄子·缮性》："轩冕在身，非性命也。物之傥来，寄者也。"

⑥ 家法：治家的礼法。

⑦ 董生：即董仲舒。

⑧ 吊者在门，贺者在闾：吊丧的人还在门口，贺喜的人就已经到胡同里了。

⑨ 龟蓍星数：占卜星相等用以预测的方法。

⑩ 仕族：世家大族。

⑪ 栉縰笄：泛指盥洗梳妆。栉，梳发。縰，用缯束发髻。笄，插笄。

⑫ 乳姑：用自己的乳汁喂婆婆。

⑬ 粒食：以谷物为食。

尚书宽，子孙众盛，实为名阀[①]。天后时，宰相魏元同选尚书之先为婿，未成婚而魏陷罗织狱[②]，家徙岭表[③]。及北还，女已逾笄[④]。其家议无以为衣食资，愿下发为尼。有一尼自外至，曰："女福厚丰，必有令匹[⑤]，子孙将遍天下，宜北归。"家人遂不敢议。及荆门，则裴赍装[⑥]以迎矣。今势利之徒，舍信誓如反掌，则裴之蕃衍[⑦]，乃天之报施也。余旧府高公先君，兄弟三人，俱居清列[⑧]，非速客不二羹胾[⑨]，夕食齕葡、瓠而已[⑩]，皆保重名于世。永宁王相国涯居位[⑪]，窦氏女归，请曰："玉工货钗，直七十万钱。"王曰："七十万钱，岂于女惜，但钗直若此，乃妖物也，祸必随之。"女不敢复言。后钗为冯

---

① 名阀：名门豪族。

② 罗织狱：无中生有地编造、构陷罪名，使之入狱。《旧唐书·酷吏传上·来俊臣》："招集无赖数百人，令其告事，共为罗织，千里响应。欲诬陷一人，即数处别告，皆是事状不异，以惑上下。"

③ 岭表：岭外，岭南。

④ 逾笄：指女子超过十五岁，已过适合婚配的年龄。古时女子十五岁称"及笄"，进入婚龄。

⑤ 令匹：好配偶。

⑥ 赍装：携带行装。赍，带着，怀抱着。

⑦ 蕃衍：繁盛众多。

⑧ 清列：高贵的官位。

⑨ 非速客不二羹胾：不是请客不会准备两样以上的大肉菜。羹胾，肉羹和大块肉。

⑩ 夕食齕葡、瓠而已：晚上只吃萝卜、瓠子之类的瓜菜。葡，萝卜。

⑪ 居位：处于高位，做大官。

球外郎妻首饰，涯曰：“为郎吏妻，首饰有七十万钱，其可久乎？”冯为贾相国悚门人，贾有奴颇横，冯爱贾，召奴责之。奴泣谢。未几，冯晨谒贾，贾未出，有二青衣赍银罂[①]出曰：“公恐君寒，奉地黄酒三杯。”冯悦，尽举之。俄病渴且咽，因暴卒。贾为叹息出涕，卒不知其由。明年，王、贾皆遘祸[②]。噫！王以珍玩为物之妖，信知言矣。而不知恩权隆赫[③]之妖，甚于物耶？冯以卑位贪货，不能正其家，忠于所事，不能保其身，不足言矣。贾之臧获[④]害客于墙庑[⑤]之间而不知，欲始终富贵，其可得乎？舒相国元舆与李繁有隙，为御史，鞫谯狱，穷致繁罪，后舒亦及祸。今世人盛言宿业[⑥]报应，曾不思视履考祥[⑦]事欤？夫名门右族[⑧]，莫不由祖考忠、孝、勤、俭以成立之，莫不由子孙顽、率、奢、傲以覆坠[⑨]之。成立之难如升天，覆坠之易如燎毛[⑩]。余家本以学识礼法

---

① 银罂：银质或银饰的贮器，用以盛流质。

② 遘祸：遭遇灾祸。

③ 隆赫：高贵显赫。

④ 臧获：古代对奴婢的贱称。

⑤ 庑：大堂周围的走廊、廊屋。

⑥ 宿业：前世的善恶因缘。

⑦ 视履考祥：《易 · 履卦 · 上九》：“视履考祥，其旋元吉。”人应该检视自己走过的道路，以判断未来的吉凶。

⑧ 右族：豪门大族。

⑨ 覆坠：衰败。

⑩ 燎毛：用火烧毛发，形容事情极易办到。

称于士林[①]，比见诸家于吉凶礼制有疑者，多取正焉。丧乱以来，门祚[②]衰落，基构[③]之重，属于后生。夫行道之人，德行、文学为根株，正直、刚毅为柯叶[④]。有根无叶，或可俟时[⑤]。有叶无根，膏雨[⑥]所不能活也。至于孝慈友悌，忠信笃行，乃食之醯酱[⑦]，可一日无哉？

---

① 士林：指文人士大夫阶层，知识界。

② 门祚：家世。

③ 基构：基业。

④ 柯叶：枝叶。

⑤ 俟时：等待时机。

⑥ 膏雨：滋润万物的喜雨。

⑦ 醯酱：醋和酱。亦指酱、醋拌的调料。

译文

世家大族的子弟，一旦有一件事有违先人的教诲，受到的指责就会比常人多很多。虽然你活着的时候可以苟安于先人世袭的爵位，但死了之后却没办法面对地下的祖先。门第高的子弟很容易自恃过高，家族兴盛又很容易惹人窥视和嫉妒。即便世家大族的子弟有真本领和美好的德行，外人也未必相信。一旦你有一点点瑕疵和微小的差错，就会惹来众人争相指责。因此世家子弟修行自己的德行不能不尽自己最大的努力，求学的意志不可不比常人更坚定。读书人生在天地间，自己没有能力却希望别人重用自己，自己没有善心却希望别人爱戴自己，就好比农夫自己种地马虎，却埋怨上天不降甘霖，导致自己收成不好，这样又怎么可能没有挨饿的风险呢？我小的时候听闻亡父柳仲郢仆射说过，立身处世以孝顺父母、友爱兄弟为根基，恭敬缄默为本，谨小慎微为务，勤俭为法，以忍让、顺从的态度来治家，以直言规劝、充满敬意的方式来交友，广泛学习唯恐时间不够，对待名望不刻意苛求，仿佛偶然得来。做官要廉洁自律，注意精简事务，然后才称得上有治家的礼法。有了完备的治家礼法，然后才可以使用家人仆婢。直言不讳却能不招来祸患，廉洁又不会被认为沽名钓誉。考虑周全就少有祸事，廉洁与暴富不可能同时发生。董仲舒先生说过："吊丧的人还在门口，贺喜的人就已经到胡同里了。"意思是说时刻警惕祸至无日，那离享福就不远了。他还说："贺喜的人还在门口，吊丧的人就已经到胡同里了。"意思是说过分享福就会骄纵奢侈，骄纵奢侈，那离祸事就不远了。所以说家族兴盛时间的长短和个人命运的好坏，不必求助于占卜星相等预测，只在自己的修行处事而已。昭国里崔琯崔山南先生，他的子孙之兴盛，世家大族中很少有能比得上的。山南先生的曾祖母长孙夫人，年纪很大的时候，牙齿都掉光了，山南先生的祖母唐夫人对待婆婆很孝顺，每天早上梳洗完毕就过去拜见婆婆，然后去婆婆屋里用自己的乳汁喂婆婆。长孙老夫人有好几年都没吃过五谷杂粮。一天长孙老夫人病了，说："我没什么可以报答我的儿媳，只希望我的子孙都能像我儿媳一样孝顺。"像崔山南先生这样的人家，怎能不繁盛呢？洛阳仁和里裴宽尚书，子孙众多，家族兴盛，是真正的世家大族。天后武则天在位时，宰相魏元同选裴宽尚书的父亲为女婿。还没来得及成婚，魏尚书就被人无中生有地编造罪名锒铛入狱，魏家人被迫流亡岭南。等到北归的时候，魏尚书的女儿已经过了适宜婚配的年龄。家人考虑到没有钱供其衣食住行，就想让她削发为尼。这时有一位尼姑从外面进来，说：“这个女孩福泽深厚，一定能找到如意郎君，将来她的子孙遍天下，应该让她北归。”家人于是不敢再多说什么。到了荆门，裴宽尚书的父亲已经整理好行装来迎接了。现在的势利之徒，背信弃义就好像把手掌翻过来那么容易，那么裴家的昌盛，实在是上天对裴老先生善行的回报。我老家有一位高公，他已故的父亲共兄弟三个，均是高官显贵。他们家如不请客就不会准备两样以上的大肉菜，晚上只吃萝卜、瓠子之类的瓜菜而已，但他们在当时都有很高的声望。永宁王涯相国官居高位，窦氏的女儿出嫁，请求说：“有雕琢玉石的工匠卖一支玉钗，需要七十万钱，我想买下它作为嫁妆。”王相国说：“虽然需要七十万钱，为了女儿怎么会吝啬？但一支钗就值七十万钱，一定是不祥之物，会带来灾祸。”女儿不敢再多说。后来这支钗被员外郎冯球的妻子买作首饰，王涯说：“只不过是员外郎的妻子，一件首饰就需要七十万钱，怎么可能长久？”冯球是贾悚相国的门生，贾相国有个奴仆很骄横，冯球尊敬贾相国，担心因为奴仆的行为坏了他的名声，便把那个奴仆叫过来责骂一番。奴仆哭着谢罪。过了没多久，冯球早上来拜见贾相国，贾相国没有出来，两个下人捧着银罂出来，说：“老爷担心先生冷，特命我们送三杯地黄酒给您驱寒。”冯球很高兴，全部一饮而尽。没过多一会儿，冯球就感觉口渴，声音滞涩，很快就暴死了。贾相国闻听冯球的死讯，叹息不已，掉下眼泪，但最终也不明白冯球为何而死。第二年，王涯和贾竦都遭了灾。噫！王涯认为珍稀古玩是不祥之物，实在是很有见地。但他又不明白位高权重的不祥，不是比珍稀古玩更严重吗？冯球身份低微却贪图财物，不能治家，因为忠于职守最终丧命，实在没什么值得说的。贾竦的奴才在府内害死了自己的客人，贾竦却懵然无知，想永保富贵，又怎么可能呢？舒元舆相国与李繁有矛盾，他担任监察御史的时候，借审问谯郡擅自兴兵诛盗案，想尽办法治李繁的罪，后来舒元舆也遭遇祸事。今天世人热议前世的善恶因缘和因果报应，难道不应该检视一下自己走过的道路，以此为依据来判断未来的吉凶吗？名门望族，没有不是因为祖先忠心报国、孝顺父母、勤于劳作、俭朴持家才有如此的规模，也没有一个不是因为子孙顽劣、任性、奢侈、傲气败掉的。发家难如登天，衰败就像火烧毛发一样容易。我们家族在官场上本来就以尊重学识、崇尚礼法而著称，每当见到各大家族的吉凶、礼制等有不同意见时，我们往往能秉持正道。时局动荡以来，家族衰落，重振基业的重任，恐怕要寄托在后来人身上了。修养身心的人，德行、学问是根本，正直、刚毅是枝叶。有根无叶，或许还有希望等待。有叶无根，滋润万物的甘霖也没办法起死回生。至于孝顺父母、慈爱子女、兄弟友爱，坚持忠信，身体力行，就好像食物的调味品，怎么可以一日或缺呢？

训俭示康 / 宋・司马光

录自《戒子通录》

本文为北宋司马光训诫司马康节俭之文，收入宋人刘清之编写的《戒子通录》。康，即司马康，司马光大哥司马旦之子，在司马光两个儿子童、唐相继夭折后，司马康过继给司马光为子，后曾协助司马光编纂《资治通鉴》。司马光，字君实，号迂叟，世称涑水先生，《司马光砸缸》的主人公，主持编纂了中国历史上第一部编年体通史《资治通鉴》。其为人温良谦恭、刚正不阿，做事刻苦勤奋，堪称儒学教化的典范。在训诫子孙方面，除本文外，司马光尚有《家范》一书传世。

原文

吾家本寒族，世以清白相承。吾性不喜华靡，自为乳儿时，长者加以金银华美之服，辄羞赧弃去之。二十忝科名，闻喜宴[①]独不戴花，同年曰："君赐不可违也。"乃簪[②]一花。平生衣取蔽寒，食取充腹。亦不敢服垢弊[③]以矫俗干名[④]，但顺吾性而已。众人皆以奢靡为荣，吾心独以素俭为美。人皆嗤吾固陋[⑤]，吾不以为病[⑥]，应之曰："孔子称：'与其不逊也，

---

① 闻喜宴：唐制，进士中榜后，醵钱宴乐于曲江亭子，称曲江宴，亦称闻喜宴。后来闻喜宴就成为了皇帝赐予新科进士宴会的代称，参加者要把花插在帽檐上，这是特殊的荣耀。

② 簪：插，戴。

③ 垢弊：肮脏破烂的衣服。

④ 矫俗干名：故意用与世不合的姿态来骗取名声。

⑤ 固陋：见识浅薄，见闻不广。

⑥ 病：缺点。

宁固[①]。’又曰：‘以约[②]失之者鲜矣。’又曰：‘士志于道而耻恶衣恶食者，未足与议也。’”古人以俭为美德，今人以俭相诟病，嘻，异[③]哉！

近世风俗尤为侈靡，走卒类士服，农夫蹑丝履[④]。吾记天圣中[⑤]，先公为群牧判官[⑥]，客至未尝不置酒，或三行[⑦]，或五行，不过七行。酒沽[⑧]于市，果止梨、栗、枣、柿，肴止于脯、醢、菜羹[⑨]，器用瓷、漆[⑩]。当时士大夫家皆然，人不相非也。会数而礼勤，物薄而情厚。近日士大夫家，酒非内法[⑪]，果肴非远方珍异，食非多品，器皿非满案，不敢会宾友。常数月营聚[⑫]，然后敢发书[⑬]。苟或不然，人争非之，以为鄙吝[⑭]。

---

① 与其不逊也，宁固：与其骄纵，宁可简陋寒酸。不逊，骄傲。

② 约：节俭。

③ 异：奇怪。

④ 走卒类士服，农夫蹑丝履：跑腿的都穿士人的衣服，农民种田也要穿丝织品做的鞋。

⑤ 天圣中：宋仁宗在位年间。天圣，宋仁宗年号。

⑥ 群牧判官：管理国家公用马匹机构的判官。群牧，即郡牧司，管理国家公用马匹的机构。

⑦ 三行：祝酒三次。

⑧ 沽：买。

⑨ 脯、醢、菜羹：肉干、肉酱、蔬菜羹。

⑩ 瓷、漆：陶器、漆器。

⑪ 内法：内宫酿酒之法酿造的酒。

⑫ 营聚：张罗，准备。

⑬ 发书：发出请柬。

⑭ 鄙吝：吝啬。

故不随俗靡[1]者鲜矣。嗟乎！风俗颓弊如是。居位者虽不能禁，忍助之乎？

又闻李文靖公为相，治居第[2]于封丘门外，厅事[3]前仅容旋马[4]。或言其太隘[5]，公笑曰："居第当传子孙，此为宰相厅事诚隘，为太祝、奉礼[6]厅事已宽矣。"参政[7]鲁公为谏官，真宗遣使急召之，得于酒家。既入，问其所来，以实对。上曰："卿为清望官[8]，奈何饮于酒肆？"对曰："臣家贫，客至，无器皿、果肴，故就酒家觞[9]之。"上以其无隐，益重之。

张文节为相，自奉[10]如河阳掌书记[11]时，所亲[12]或规之曰："公今受俸不少，而自奉若此，虽自信清约，外人颇有

---

① 随俗靡：效法奢靡的社会风气。

② 居第：住宅。

③ 厅事：私人住宅的堂屋。

④ 旋马：掉转马身。

⑤ 隘：狭窄。

⑥ 太祝、奉礼：太常寺的两个官职，主管祭祀，常由功臣的子孙担任。奉礼，即治礼郎，因避唐高宗李治的名讳，改称"奉礼郎"。

⑦ 参政：官名，即参知政事，为宰相之副，是唐宋时期高级政务长官之一。

⑧ 清望官：清高而有名望的官。

⑨ 觞：宴请。

⑩ 自奉：自己日常生活享用。

⑪ 掌书记：唐官名，全名"节度掌书记"，从八品，类似汉代至南北朝时期的记室参军，为掌管一路军政、民政机关的机要秘书。

⑫ 所亲：亲近的人。

公孙布被[①]之讥，公宜少从众。”公叹曰：“吾今日之俸，虽举家锦衣玉食，何患不能？顾人之常情，由俭入奢易，由奢入俭难。吾今日之俸岂能常有？身岂能长存？一旦异于今日，家人习奢已久，不能顿[②]俭，必致失所[③]。岂若吾居位去位、身存身亡如一日乎？”呜呼，大贤之深谋远虑，岂庸人所及哉！

御孙曰：“俭，德之共也；侈，恶之大也。”共，同也，言有德者皆由俭来也。俭则寡欲，君子寡欲则不役于物[④]，可以直道而行[⑤]；小人寡欲则能谨身节用[⑥]、远罪丰家。故曰“俭，德之共”。侈则多欲，君子多欲则贪慕富贵，枉道速祸[⑦]；小人多欲则多求[⑧]妄用，败家丧身。是以居官必贿，居乡必盗。故曰“侈，恶之大也”。

---

① 公孙布被：典故出自《史记·平津侯主父列传》。西汉公孙弘位列宰相，封平津侯，但他生活很简朴。大臣汲黯向汉武帝批评公孙弘说：“弘位在三公，俸禄甚多，但是却身穿破衣，盖着以粗布裁制成的棉被，此诈也。”

② 顿：立刻。

③ 失所：失去安身之处。

④ 不役于物：不受外物的牵扯、制约。

⑤ 直道而行：行正直之道，任何事情都敢于诚实不欺地去做。

⑥ 谨身节用：约束自己，节约用度。

⑦ 枉道速祸：不按正道行事，就会招致灾祸。速，招致。

⑧ 多求：到处搜刮。

昔正考父[①]饘粥[②]以糊口，孟僖子[③]知其后必有达人。季文子[④]相三君，妾不衣帛，马不食粟，君子以为忠。管仲镂簋朱纮[⑤]，山楶藻棁[⑥]，孔子鄙其小器。公叔文子[⑦]享卫灵公，史鳍[⑧]知其及祸。及戌[⑨]，果以富得罪出亡。何曾[⑩]日食万钱，至孙以骄溢倾家。石崇[⑪]以奢靡夸人，卒以此死东市。近世寇莱公[⑫]，豪侈冠一时，然以功业大，人莫之非。子孙习其家风，今多穷困。其余以俭立名、以侈自败者多矣，不可遍数，

① 正考父：春秋时期宋国大夫，孔子的七世祖。曾辅佐戴、武、宣三公，地位愈高行为愈检点。

② 饘粥：稀饭。

③ 孟僖子：姬姓，孟氏，名貜，谥“僖”。春秋后期鲁国司空，三桓之一，他的两个儿子孟懿子与南宫敬叔是孔子的学生。

④ 季文子：即季孙行父，春秋时期鲁国的正卿，姬姓，季氏，谥“文”，史称“季文子”。

⑤ 镂簋朱纮：盛食物的器具上都精雕细刻着多种花纹，戴的帽子上缀着红色的帽带。簋，古代盛食物的器具。纮，帽带。

⑥ 山楶藻棁：房屋斗拱上都刻绘着山岳图形，梁上短柱都用精美的图案装饰。

⑦ 公叔文子：春秋时卫大夫，卫献公之孙，名拔，谥“文”，故称公叔文子。

⑧ 史鳍：卫国大臣，立志为国家推荐贤才，斥退奸臣，活着的时候没能说服国君，死后还以尸谏。

⑨ 及戌：到他儿子公叔戌的时候。

⑩ 何曾：西晋大臣，开国元勋。何曾崇尚豪华奢侈，其厨房所制作的馔肴，胜过王侯帝戚之家。

⑪ 石崇：西晋时期文学家、大臣，历史上有名的大富豪，“金谷二十四友”之一，字季伦，小名齐奴。

⑫ 寇莱公：即寇准，北宋政治家、诗人。

聊举数人以训汝。汝非独身当服行[①]，当以训汝子孙，使知前辈之风俗云。

① 服行：施行，实行。

译文

我出身贫寒之家，世世代代承袭清廉的家风。我生性不喜欢奢侈浪费，从小时候起，当长辈把金银饰品和华丽的衣服穿在我身上时，我总是会感到羞愧，赶紧把它们脱掉。二十岁幸运地考中科举，在皇帝赏赐的喜宴上唯独我没有把花插在帽檐上。同榜登科的人说："皇帝的恩赐不能违抗。"于是我才在帽檐上插了一枝花。对于衣服，我一直都觉得能御寒就足够了；对于食物，我一直都觉得能充饥就可以了。当然我也不会故意穿又脏又破的衣服以显示与众不同，因此骗得好名声，我只不过是顺从本性罢了。一般人都以奢侈浪费为荣，唯独我心里以节俭朴素为美。别人都讥笑我不识时务，我却不认为这有什么不好，就回答他们说："孔子说过：'与其骄纵不逊，宁可简陋寒酸。'他还说过：'平时能节俭的人，很少会犯错。'又说：'有志于探求真理而以穿得不好、吃得不好为羞耻的读书人，是不值得一起讨论的。'"古人把节俭看作美德，今人却因为节俭而互相诟病，哎，实在是太奇怪了。

近年来的社会风气尤为推崇奢侈浪费，连跑腿的仆役都穿上了读书人的衣服，下地干活的农民也要穿上丝织品做的鞋。我记得天圣年间，我的父亲担任群牧司判官，有客人来的时候也需要准备酒席。酒席宴上，或者祝酒三次，或者祝酒五次，最多不超过七次。酒是从市场上买的，水果只限于梨子、枣子、板栗、柿子之类，菜肴只限于干肉、肉酱、菜羹，餐具用陶器、漆器。当时士大夫家里都是这样，人们并不会互相看不起。聚会虽多，礼节上从不怠慢；用来招待客人的东西虽少，但情谊深厚。近来士大夫之家，招待客人的酒假如不是按宫内酿酒方法酿造的，水果、菜肴如果不是远方的珍稀品种，食物品种如果不够多，餐具如果不能摆满桌，就不敢约亲朋好友相聚。请客的人常常是经过了几个月的张罗才敢发信邀请。如果不这样做，人们就会争相指责他，认为他吝啬。因此当下很少有人没沾染这样奢靡的习惯。唉！风气败坏成这样。有权势的人即使不能禁止，难道忍心助长这种风气吗？

听说从前李文靖公担任宰相时，在封丘门内修建了一栋宅子，厅堂前仅仅够让一匹马转身。有人议论说，这样的厅堂太狭窄了，李文靖公笑着说：“宅子要传给子孙，这里作为宰相的厅堂确实窄了些，但作为太祝、奉礼郎的厅堂已经很宽了。”参知政事鲁公担任谏官时，真宗派人紧急召见他，最后在酒家里找到了他。入朝后，真宗问他从哪里来，他据实回答。皇上说：“你担任清高而有名望的谏官，为什么要跑到酒馆里喝酒，成何体统？”鲁公回答说：“臣家里贫寒，客人来了没有餐具、菜肴、水果，所以只能到酒馆里宴请客人。”皇上因为鲁公没有故意隐瞒，所以更加敬重他。

张文节担任宰相时，自己的日常生活享用和他此前担任河阳节度掌书记时没什么不同。有亲近的人就劝告他说：“您现在领取的俸禄已经不少了，可是自己的日常生活享用却如此俭朴。您虽然知道自己是真正的清廉节俭，外人却觉得您就像汉朝的公孙弘故意盖布被装清廉，您应该稍微入乡随俗一点才是。”张文节叹息说：“我现在的俸禄，即使全家穿绸挂缎，整天大鱼大肉，又有什么问题？然而人之常情，由节俭变为奢侈很容易，由奢侈变回节俭就困难了。像我现在这么高的俸禄难道能够世袭吗？我难道能够永远活下去吗？如果有一天我罢官或死了，情况与现在大不一样，但家里的人已经习惯奢侈很长时间了，肯定不能立刻做到节俭，那时候恐怕连存身之地都没有了。怎么比得上无论我做官还是罢官、活着还是死去，家里的生活水平都保持一样呢？”唉！圣贤的深谋远虑，哪是普通人能比得上的呢！

春秋时鲁国大夫御孙说过：“节俭，是天底下所有高尚的人共同具备的品德；奢侈，是天底下最大的恶行。”共同，就是全部的意思，是说有德行的人全部是从节俭做起的。能做到节俭贪欲就少，有地位的人如果贪欲少，就不会受外物的制约，可以坚持走正直的路。地位低的人如果贪欲少就能约束自己，节约费用，远离犯罪，家室富裕。所以说“节俭，是天底下所有高尚的人共同具备的品德”。如果生活奢侈贪欲就会多，有地位的人如果多贪欲就会贪图荣华富贵，不走正道，最终招致祸患；地位低的人多贪欲就会到处搜刮财富，随意挥霍，最终败掉家产，甚至丢掉性命。因此做官的人如果奢侈必然贪污受贿，平民百姓如果奢侈必然走上盗窃的道路。所以说“奢侈，是天底下最大的恶行”。

孔子的祖先正考父曾经靠稀饭来维持生活，鲁国大夫孟僖子因此预言他的后代一定会出显达的人。季文子辅佐鲁文公、宣公、襄公三代君主，他的小妾不穿绸缎做的衣服，马不喂人才吃的小米，当时有名望的人都认为他忠于君主。管仲使用的器具上都精雕细刻着各种花纹，戴的帽子上缀着红红的帽带，住的房屋里连斗拱上都刻绘着山岳图形，连梁上短柱都用精美的图案装饰着，孔子认为他难成大器。公叔文子在家中宴请卫灵公，史鳅预言他必然会有祸事。到了他儿子公叔戌时，果然因家中豪富得罪了人，以致逃亡避祸。西晋的何曾一天吃饭就要花去一万铜钱，到了他的孙子这一代，就因为骄奢而家产败光。西晋的石崇喜欢向人夸耀自己奢侈靡烂的生活，最终因此身死刑场。近代寇莱公，豪华奢侈冠绝一时，但因为他为国家立下了很大的功劳，人们才没有指责他。而他的子孙受他的这种家风熏陶，现在大多穷困潦倒。其他因为节俭而赢得名声、因为奢侈浪费而败家的人还很多，无法一一列举，姑且举几个人的事例来警告你。你不仅自身应当节俭，还应当教导你的子孙节俭，使他们了解祖先的优良传统。

放翁家训 / 宋·陆游

录自知不足斋丛书本《放翁家训》

本文为宋代大诗人陆游所作家训，史称“放翁家训”，虽然学界对于其创作时间等存在争议，但不妨碍它成为千古名篇。陆游，字务观，号放翁，宋代文学家、史学家、爱国诗人。陆游出身名门望族，江南藏书世家，一生笔耕不辍，诗、词、文俱有很高成就，兼具李白的雄奇奔放与杜甫的沉郁悲凉，尤以饱含爱国热情出名。陆游亦有史才，他的《南唐书》“简核有法”，史评色彩鲜明，具有很高的史料价值。

原文

昔唐之亡也，天下分裂，钱氏崛起吴越之间，徒隶乘时，冠屦易位[①]。吾家在唐为辅相者六人，廉直忠孝，世载令闻[②]。念后世不可事伪国、苟富贵以辱先人，始弃官不仕，东徙渡江，夷于编氓[③]。孝悌行于家，忠信著于乡，家法凛然，久而弗改。宋兴，海内一统。祥符中[④]，天子东封泰山，于是陆氏乃与时俱兴，百余年间文儒继出，有公有卿，子孙宦学相承，复为宋世家，亦可谓盛矣。然游于此切有惧焉。天下之事，常成于困约[⑤]，而败于奢靡。游童子时，先君谆谆

---

① 徒隶乘时，冠屦易位：社会底层的人乘时而起，尊卑易位。徒隶，指服劳役的人，社会底层的人。冠屦，帽子和鞋子，身份尊卑的象征。

② 令闻：美好的声誉。

③ 夷于编氓：沦落为流落异乡的平民。

④ 祥符中：宋真宗在位年间。祥符，宋真宗年号。

⑤ 困约：困顿贫乏。

为言，太傅[①]出入朝廷四十余年，终身未尝为越产[②]，家人有少变其旧者，辄不怿[③]。其夫人棺才漆[④]。四会婚姻[⑤]，不求大家显人[⑥]，晚归鲁墟[⑦]旧庐，一椽[⑧]不可加也。楚公[⑨]少时尤苦贫，革带敝，以绳续绝处。秦国夫人尝作新襦[⑩]，积钱累月乃能就。一日覆[⑪]羹污之，至泣涕不食。太尉[⑫]与边夫人方寓宦舟，见妇至，喜甚，辄置酒，银器色黑如铁，果、醢[⑬]数种，酒三行而已。姑嫁石氏，归宁[⑭]，食有笼饼[⑮]，亟起辞谢曰："昏耄[⑯]，不省是谁生日也？"左右或匿笑[⑰]，楚公叹曰："吾家故

---

① 太傅：指陆游高祖陆轸。
② 越产：过多的财富。
③ 怿：高兴。
④ 才漆：仅上了一道漆。
⑤ 四会婚姻：结了四次婚。
⑥ 显人：有名气的人。
⑦ 鲁墟：古地名，今绍兴市镜湖新区东浦镇鲁东村，是陆游先祖的祖籍地。
⑧ 椽：承接屋瓦的圆木。
⑨ 楚公：陆游祖父陆佃。
⑩ 襦：短衣，短袄。
⑪ 覆：倾倒，翻。
⑫ 太尉：陆游曾祖陆珪。
⑬ 醢：肉酱。
⑭ 归宁：已嫁女子回娘家看望父母。
⑮ 笼饼：馒头的古称。
⑯ 昏耄：年老昏愦。
⑰ 匿笑：暗中偷笑，掩口暗笑。

时数日乃啜羹[①]，岁时或生日乃食笼饼，若曹岂知耶！”是时楚公见贵显，顾以啜羹、食饼为泰，愀然[②]叹息如此。游生晚，所闻已略，然少于游者又将不闻，而旧俗方以大坏，厌藜藿[③]，慕膏粱[④]，往往更以上世之事为讳。使不闻此风，放而不还，且有陷于危辱之地，沦于市井，降于皂隶[⑤]者矣。复思如往时，父子兄弟相从居于鲁墟，葬于九里，安乐耕桑之业，终身无愧悔，可得耶？呜呼，仕而至公卿，命也；退而为农，亦命也。若夫挠节[⑥]以求贵，市道[⑦]以营利，吾家之所深耻，子孙戒之，尚无坠厥初[⑧]。乾道四年[⑨]五月十三日，太中大夫、宝谟阁待制游谨书。

吾见平时丧家百费方兴，而愚俗又侈[⑩]于道场斋施之事。彼初不知佛为何人，佛法为何事，但欲夸邻里、为美观[⑪]尔。

---

① 啜羹：饮羹汤。

② 愀然：形容神色忽然变得严肃或不愉快。

③ 藜藿：喻粗茶淡饭。藜，一年生草木植物，嫩叶可食。藿，豆类植物的叶。

④ 膏粱：肥肉和细粮。泛指肥美的食物。

⑤ 皂隶：古代贱役。

⑥ 挠节：屈节折腰，放弃尊严。

⑦ 市道：商贾逐利之道。

⑧ 坠厥初：败坏最初的好名声。

⑨ 乾道四年：即 1168 年。乾道，南宋孝宗皇帝第二个年号。

⑩ 侈：奢侈。

⑪ 美观：美好的观赏物。

以佛经考之，一四句偈[①]，功德不可称量。若必以侈为贵，乃是不以佛言为信。吾死之后，汝等必不能都不从俗，遇当斋日[②]，但请一二有行业[③]僧诵《金刚》、《法华》数卷，或《华严》一卷，不啻[④]足矣。如此为事，非独称家之力，乃是深信佛言，利益岂不多乎！又悲哀哭踊[⑤]，是为居丧之制。清净严一，方尽奉佛之礼。每见丧家张设器具，吹击螺[⑥]鼓，家人往往设灵位，辍哭泣而观之，僧徒炫技，几类俳优[⑦]，吾常深疾其非礼。汝辈方哀慕[⑧]中，必不忍行吾所疾也。且侈费[⑨]得福，则贪吏富商、兼并[⑩]之家死皆升天，清节[⑪]贤士无所得财，悉当沦坠，佛法天理，岂容如是！此是吾告汝等第一事也，此而不听，他可知矣。

---

① 四句偈：指由四句所成之偈颂。佛书所载偈颂由四句组成者，字数多寡不拘。四句偈往往能涵盖经论佛法之要义，故经中云，以四句偈教人，或持受某四句偈，皆有甚大功德。

② 斋日：应守斋戒的日子。

③ 行业：修为。

④ 不啻：无异于，如同。

⑤ 哭踊：丧礼仪节，边哭边顿足。

⑥ 螺：法螺，佛教乐器的一种，用海螺壳做成。

⑦ 俳优：古代以乐舞谐戏为业的艺人。

⑧ 哀慕：因父母、君上之死而哀伤思慕。

⑨ 侈费：奢侈浪费。

⑩ 兼并：并吞。指土地侵并，或经济侵占。

⑪ 清节：高尚的节操。

升济[1]、神明之说，惟出佛经。黄老之学，本于清净自然，地狱天宫，何尝言及？黄冠[2]辈见僧获利，从而效之，送魂登天，代天肆赦[3]。鼎釜油煎，谓之炼度，交梨火枣[4]，用以为脩[5]。可笑者甚多，尤无足议，聊及之耳。

墓有铭，非古也。吾已自记平生大略以授汝等，慰子孙之心，如是足矣。溢美以诬[6]后世，岂吾志哉？

吾平生未尝害人，人之害吾者，或出忌嫉，或偶不相知，或以为利，其情多可谅，不必以为怨，谨避之可也。若中吾过者，尤当置之。汝辈但能寡过，勿露所长，勿与贵达[7]亲厚，则人之害已者自少。吾虽悔，已不可追，以吾为戒可也。

祸有不可避者，避之得祸弥甚。既不能隐而仕，小则谴斥[8]，大则死，自是其分。若苟逃谴斥而奉承上官，则奉承之祸不止失官；苟逃死而丧失臣节，则失节之祸不止丧身。人自有懦而不能蹈祸难者，固不可强，惟当躬耕，绝仕进，则去祸自远。

---

① 升济：超度。

② 黄冠：黄色的冠帽，多为道士戴用，用以指代道人。

③ 肆赦：肆意赦免。

④ 交梨火枣：道教经书中所说的“仙果”。

⑤ 脩：通“羞”，美味的食品。

⑥ 诬：欺骗。此处为陆游谦辞。

⑦ 贵达：显贵的人。

⑧ 谴斥：谴责呵斥。

风俗方日坏，可忧者非一事，吾幸老且死矣，若使未遽死，亦决不复出仕。惟顾念[①]子孙，不能无老妪态[②]。吾家本农也，复能为农，策之上也。杜门[③]穷经，不应举，不求仕，策之中也。安于小官，不慕荣达[④]，策之下也。舍此三者，则无策矣。汝辈今日闻吾此言，心当不以为是。他日乃思之耳，暇日时与兄弟一观以自警，不必为他人言也。

气不能不聚，聚亦不能不散。其散也，或遽[⑤]或久，莫或致诘[⑥]。而昧者置欣戚[⑦]于其间，甚者祈延而避促，亦愚矣。吾年已八十，更寿亦不过数年，便终固不为夭，杜门俟死，尚复何言？且夫为善自是士人常事，今乃规[⑧]后身福报，若市道然，吾实耻之。使无祸福报应，可为不善耶？

吾承先人遗业，家本不至甚乏，亦可为中人之产。仕宦虽龃龉[⑨]，亦不全在人后。恒素不闲生事[⑩]，又赋分[⑪]薄，俸禄

---

① 顾念：眷顾想念，念及。

② 不能无老妪态：还要像老太婆一样不厌其烦地告诫你们。

③ 杜门：闭门。

④ 荣达：荣耀显达。

⑤ 遽：急，仓猝。

⑥ 致诘：穷究，推究。

⑦ 欣戚：喜乐和忧戚。

⑧ 规：谋划。

⑨ 龃龉：上下牙齿对不齐，比喻意见不合，互相抵触。

⑩ 不闲生事：不精通谋生之事。生事，生计。

⑪ 赋分：天赋，资质。

入门，旋即耗散。今已悬车[①]，目前萧然，意甚安之。他人或不谅，汝辈固不可欺也。

厚葬于存殁[②]无益，古今达人[③]言之已详。余家既贫甚，自无此虑，不待形言[④]。至于棺柩，亦当随力。四明、临安倭船到时，用三十千可得一佳棺。念欲办此一事，窘于衣食亦未能及，终当具之。万一仓卒，此即吾治命[⑤]也。汝等第能谨守，勿为人言所摇，木入土中，好恶何别耶？

近世出葬，或作香亭[⑥]、魂亭[⑦]、寓人[⑧]、寓马[⑨]之类，一切当屏去。僧徒引导，尤非敬佛之意。广召乡邻，又无益死者，徒为重费，皆不须为也。

古者植木冢[⑩]上，以识其处耳。吾家自先太傅以上，冢上松木多不过数十。太尉初葬宝峰，比上世差为茂郁，然亦

---

① 悬车：辞官。古人一般至七十岁辞官归家，废车不用，故云。

② 存殁：生者和死者。

③ 达人：通达事理的人。

④ 形言：表现在言辞上。

⑤ 治命：人死前神志清醒时的遗嘱。

⑥ 香亭：内置香炉的结彩小亭，可抬，旧时赛会、出殡用。

⑦ 魂亭：葬礼时安置死者灵牌的纸亭。

⑧ 寓人：木偶人，古时用作陪葬的冥器。

⑨ 寓马：随葬之木偶马。

⑩ 冢：坟墓。

止数亩耳。左丞[①]归葬之后，积以岁月，林樾浸盛[②]，遂至连山弥谷。不幸孙曾[③]遂有翦伐贸易之弊，坐视则不可，禁止则争讼，纷然为门户之辱，其害更甚于厚葬。吾死后，墓木毋过数十，或可不陷后人于不孝之地，戒之戒之。

石人、石虎[④]之类，皆当罢之，欲识墓处，立一二石柱可也。

守墓以僧，非旧也。太傅尝为乡邦[⑤]，其力非不可置庵赡僧，然终不为，岂俭其亲哉？盖虑之审耳。坟墓无穷，家资厚薄不常，方当盛时虽可办，贫则必废。又南方不族墓[⑥]，世世各葬，若葬必置庵赡僧，数世之后，何以给之？吾墓但当如先世置一庵客，岁量给少米，拜扫日给之酒食及少钱，此乃久远事也。若云赖僧为福，尤为不然。

吾少年交游多海内名辈[⑦]，今多已零落。后来佳士，不以衰钝[⑧]见鄙，往往相从，虽未识面而无定交者亦众，恨无

---

① 左丞：即陆游祖父陆佃，曾官至尚书左丞。
② 林樾浸盛：树木渐渐多起来。樾，路旁遮阴的树。
③ 孙曾：孙子和曾孙，泛指后代。
④ 石人、石虎：石雕的人像、石雕的老虎，多用作墓前镇邪之物。
⑤ 乡邦：乡绅。
⑥ 族墓：有血缘关系的人死去后一起葬在相同的地方。
⑦ 名辈：名流。
⑧ 衰钝：衰弱迟钝。

繇[①]遍识之耳。又有道途一见，心赏其人，未暇从容，旋即乖隔[②]。今既屏居[③]不出，遂不复有邂逅之期。吾于世间万事，悉不贮怀[④]，独此未能无遗恨耳。

人生才固有限，然世人多不能克尽其实，至老必抱遗恨。吾虽不才，然亦一人也。人未四十未可著书，过四十又精力日衰，忽便衰老。子孙以吾为戒可也。

人与万物同受一气，生天地间，但有中正偏驳[⑤]之异尔，理不应相害，圣人所谓“数罟不入洿池[⑥]”、“弋不射宿[⑦]”，岂若今人畏因果报应哉？上古教民食禽兽，不惟去民害，亦是五谷未如今之多，故以补粒食所不及耳。若穷口腹之欲，每食必丹刀几[⑧]，残余之物，犹足饱数人，方盛暑时，未及下箸，多已臭腐，吾甚伤之。今欲除羊彘[⑨]鸡鹅之类，人畜以食者牛耕犬警，皆资其用，虽均为畜，亦不可食，姑以供庖[⑩]，其

---

① 繇：从，自。

② 乖隔：分离，别离。

③ 屏居：退隐，屏客独居。

④ 贮怀：放在心上。

⑤ 偏驳：不中正。

⑥ 数罟不入洿池：语出《孟子·梁惠王上》，意思是细密的网不能用在池塘里。数罟，细密的网。洿，洼地，池塘。

⑦ 弋不射宿：语出《论语·述而》，射手不射杀已归巢的鸟。

⑧ 丹刀几：染红切肉用的刀和几案。

⑨ 彘：猪。

⑩ 庖：厨房。

余川泳云飞[①]之物，一切禁断[②]，庶几少安吾心。凡饮食但当取饱，若稍令精洁，以奉宾燕[③]，犹之可也。彼多珍异夸眩世俗者，此童心儿态，切不可为其所移，戒之戒之。

世之贪夫，溪壑无餍[④]，固不足责。至若常人之情，见他人服玩[⑤]，不能不动，亦是一病。大抵人情慕其所无，厌其所有，但念此物若我有之，竟亦何用？使人歆艳[⑥]，于我何补？如是思之，贪求自息。若夫天性澹然[⑦]，或学问已到者，固无待此也。

人士[⑧]有与吾辈行同者，虽位有贵贱，交有厚薄，汝辈见之，当极恭逊。已虽官高，亦当力请居其下。不然，则避去可也。吾少时，见士子有与其父之朋旧[⑨]同席而剧谈大噱[⑩]者，心切恶之，故不愿汝曹为之也。

吾惟文辞一事颇得名，过其实，其余自勉于善，而不

---

① 川泳云飞：从韩愈《徐泗濠三州节度掌书记厅石记》“志同而气合，鱼川泳而鸟云飞也”句简化而来，代指河里的鱼和天上的飞鸟。

② 禁断：指绝对断绝、禁止，不允许进行。

③ 宾燕：宴请宾客。燕，同“宴”。

④ 溪壑无餍：比喻人的贪欲太大，难以满足。溪壑，山里的河流深谷。

⑤ 服玩：服饰、器用等玩好之物。

⑥ 歆艳：歆羡，羡慕。

⑦ 澹然：恬淡貌。

⑧ 人士：文人，士人。

⑨ 朋旧：朋友故旧。

⑩ 剧谈大噱：畅谈大笑。

见知于人，盖有之矣。初无愿人知之心，故亦无憾。天理不昧[①]，后世将有善士，使世世有善士，过于富贵多矣，此吾所望于天者也。

居丧[②]之礼，不可不勉。人固有体气素弱，不能常去肉食者，礼亦许之，然亦不得已耳。至若寝苫于地[③]，东南卑湿，决不可行。食去盐酪[④]，亦非南人所堪。如此之类，小有出入，固有不得已者。若夫饮酒及广设殽羞[⑤]，以至招客赴食之类，乃可以守礼而不守者，亦是近世礼法陵夷[⑥]，遂至于此。汝辈各宜勉之，若不能人人皆行，则行者自行而已，兄弟相驳[⑦]，亦无如之何也。

诉讼一事，最当谨始。使官司[⑧]公明[⑨]可恃，尚不当为，况官行关节[⑩]，吏取货贿[⑪]，或官司虽无心，而其人天资暗弱[⑫]，

① 昧：暗，不明。
② 居丧：守孝。
③ 寝苫：铺草苫于地，睡卧其上。古时居父母丧之礼。
④ 盐酪：盐和乳酪。
⑤ 殽羞：美味佳肴。
⑥ 陵夷：由盛到衰。
⑦ 驳：不同。
⑧ 官司：旧指官府。
⑨ 公明：公正明达。
⑩ 关节：旧时指暗中说人情、行贿勾通官吏的事。
⑪ 货贿：贿赂。
⑫ 暗弱：昏庸懦弱。

为吏所使，亦何所不至。有是而后悔之，固无及矣。况邻里间所讼，不过侵占地界，逋欠[①]钱物，及凶悖陵犯[②]耳，姑徐徐谕之，勿遽兴讼也。若能置而不较，尤善。李参政汉老作其叔父成季墓志云‘居乡则以困畏[③]不若人为哲’，真达识[④]也。

吾居贫，不喜为人言，故知者少。今启手足[⑤]之后，乃至不能办棺殓[⑥]，度不免以累亲故，然当痛节所费，但获入土则已矣，更不可藉口干人，以资他用。

九里袁家岙大墓及太傅、太尉、左丞、少师[⑦]、荣国夫人、康国夫人诸墓，岁时切宜省视修葺。近岁族人不幸有残伐扰害者，吾竭力禁止之，虽遭怨詈[⑧]诬讼[⑨]者，皆不敢恤。一二年来，方似少止，以后固不可保，然已蒙郡中给榜严戒。他日援此有请，既非创始，必易为力。然须汝辈念念不忘，举措必当，然后可耳。

---

① 逋欠：拖欠，短少。

② 陵犯：侵犯，冒犯。

③ 困畏：怯弱。

④ 达识：很有见地的观点。

⑤ 启手足：语本《论语・泰伯》：“曾子有疾，召门弟子曰：‘启予足！启予手！’”后因以“启手足”为善终的代称。

⑥ 棺殓：以棺木收殓死者。

⑦ 少师：陆游叔父陆寘。

⑧ 怨詈：怨恨咒骂。

⑨ 诬讼：虚构事实提起诉讼。

余庆藏书阁色色[①]已具，不幸中遭扰乱，至今未能建立，吾寝食未尝去心。若神明垂祐，未死间或可遂志。万一赍志及泉[②]，汝辈切宜极力了之，至祝至望。此阁本欲藏左丞所著诸书，今族人又有攘取[③]庵中供赡[④]储蓄及书籍者，则藏书于此，必至散亡，不若藏之于家，止为佛阁，略及奉安[⑤]左丞塑像可也。此事本不欲书，然势不可不告子孙，言及于此，痛心陨涕[⑥]而已。

子孙才分有限，无如之何，然不可不使读书。贫则教训童稚，以给衣食，但书种[⑦]不绝足矣。若能布衣草履，从事农圃，足迹不至城市，弥是佳事。关中村落有魏郑公[⑧]庄，诸孙皆为农，张浮休过之，留诗云："儿童不识字，耕稼郑公庄。"仕宦不可常，不仕则农，无可憾也。但切不可迫于衣食，为市井小人事耳，戒之戒之。

后生才锐者[⑨]最易坏，若有之，父兄当以为忧，不可以

① 色色：样样，各式各样。
② 赍志及泉：怀抱着未遂的愿望而死去。
③ 攘取：窃取，夺取。
④ 供赡：供给，供养。
⑤ 奉安：安置神像、神位等。
⑥ 陨涕：落泪。
⑦ 书种：读书的种子，读书的家风。
⑧ 魏郑公：指唐代的魏征。
⑨ 后生才锐者：才思敏捷的年轻人。

为喜也。切须常加简束，令熟读经子，训以宽厚恭谨，勿令与浮薄者游处[①]。如此十许年，志趣[②]自成。不然，其可虑之事盖非一端。吾此言，后人之药石也，各须谨之，毋贻后悔。

---

① 游处：相处，彼此生活在一起。

② 志趣：志向与情趣，心意所向。

译文

唐朝灭亡以后，天下四分五裂，吴越王钱镠崛起于两浙一带。社会底层的人乘时而起，尊卑易位。我们陆家在唐朝时出过六位宰相，个个廉洁正直，忠孝两全，世代美名传扬。唐朝灭亡后，我们家族因为不愿贪图富贵、屈膝侍奉伪政权，担心有辱先人盛名，于是弃官不做，举家南迁，渡过长江，从此沦为流落异乡的平民。尽管如此，但我们孝顺父母、友爱兄弟的家风仍在，还能以忠诚、守信著称于乡里，家法很严，这一直不曾改变。宋朝建立，天下实现了统一。祥符年间，真宗皇帝封禅泰山，与此同时，我们陆氏家族开始兴旺起来。此后百余年间，陆家文豪名儒层出不穷，或位列三公，或官拜九卿，子孙都致力于仕途或潜心于治学，代代相承，陆家又成为世家大族，可以说昌盛无比。但我心里一直隐隐有忧虑。天下之事，常常因为困顿贫乏的处境有所成就，又因为奢侈糜烂的家风导致衰败。我很小的时候，父亲曾谆谆教导我，我的高祖陆轸在朝中为太子太傅四十余年，终身未曾积累丰厚的财产。家里人在生活上稍稍要改善一下，他就很不高兴。他的夫人去世时棺木仅上了一道漆，他结了四次婚，都没有刻意追求名门望族、权贵之家。他晚年回到鲁墟老家，还住在原来的旧房子里，连一根椽子都不让增加。我的祖父陆佃小的时候家里尤其贫寒，腰上的束衣带坏了，就用绳子把断了的地方接起来继续用。秦国夫人要做一件新袄，要花好几个月才能攒够钱。有一天不小心把菜汤弄到新袄上，以至于伤心得吃不下饭。我的曾祖陆珪和边夫人住在官衙时，见到儿媳妇到来非常高兴，立即准备酒菜，当时盛菜的银器颜色已经黑得像铁，水果、肉酱只有几种，祝酒也不过三次而已。我的姑奶奶嫁到石家，有一次回娘家探亲，吃饭的时候看到有馒头，赶忙站起来道歉说："我年老昏愦，不知道今天是谁的生日？"左右之人暗中偷笑，祖父陆佃感叹说："我们家过去好几天才喝一次羹汤，过年或生日的时候才会吃馒头，你们又怎么会知道呢！"那时祖父的官位渐高，却仍然以喝羹汤、吃馒头为过分的享受，对此竟很严肃地感叹。我出生较晚，听到的事情已经日渐稀少了，但是比我更小的恐怕就更不了解了。原来好的风俗现在已经变坏，子弟们讨厌粗茶淡饭，羡慕美味佳肴，更是常常避谈前代祖先的事。假使后世子孙不了解这样的家风，放纵而不知自我约束，就有可能招来危险和羞辱，以至沦为市井小民，或者堕落为奴仆。回想从前祖先们父子兄弟一起住在鲁墟，死后安葬在九里，安心从事农耕，种桑养蚕，一辈子也不会感到惭愧后悔，我们还能做到吗？官至公卿，是命；隐身为农夫，这也是命。那种屈节折腰以求高官显位，重利忘义的做法，我们陆家深以为耻，子子孙孙当引以为戒。希望子孙不要败坏陆家一直以来的好名声。乾道四年五月十三日，太中大夫、宝谟阁待制陆游谨书。

我看到别人家有丧事的时候花费名目繁多，而愚昧的风俗又鼓励多多做道场、施斋等祈福之事。那些人连佛是什么样的人、佛法是怎么一回事都完全搞不清楚，做这些事只不过为了引来邻里夸赞、做些门面功夫罢了。拿佛经来说，念一段四句偈，已经功德无量了。如果一定要以奢侈为贵的话，那是根本不理解佛家教义。我死了之后，你们一定做不到完全放弃世俗那一套，我只要求你们逢守斋戒的日子，请一两个有修为的僧人诵几卷《金刚经》、《法华经》，或者一卷《华严经》，这就足够了。如此做法，不仅能够照顾到家庭的经济实力，而且也是深信佛家教义的做法，好处岂不是很多！悲痛哀伤、痛哭顿足是守丧的礼制。能做到清净并诚心，才是真正尽到供奉佛祖的礼仪。经常见到有丧事的人家做法事场面很大，准备很多家什，吹打法螺、鼓等乐器。家人设了灵位之后，都停下哭泣去看法事。僧人们炫耀技巧，几乎变成了耍杂技的街头艺人，我一直很讨厌他们这样不讲礼义的做法。到我过世以后，你们正是哀痛思慕亲人的时候，一定不会忍心做这些我讨厌的事情。而且如果奢侈浪费就能有福气，那么贪官富商、豪富的大家族都应该升天，有高尚节操的圣贤之士必定发不了财，应该全部沉沦堕落。佛法和天理俱在，又怎么能允许这样的事发生呢！这是我告诉你们第一重要的事，连这都不听，其他的事可想而知。

超度、神明等说法，只应该出自佛经。道家黄老之学，立足于清净自然，怎么会说到地狱、天宫？道人们见到僧人因为做道场得了好处，因此跟随效仿，超度灵魂上天，代表上天肆意赦免生前罪恶。放到锅里煮，用油煎，是道士用作祈祷神明、超度亡魂的一种称为“炼度”的法事；交梨、火枣等道教仙果，被用作美味的食品。可笑的地方很多，简直不值得讨论，略微提一下罢了。

墓碑上刻铭文，并不是古时就有的做法。我已经把自己平生的大概情况记录下来交给你们了，只是为了抚慰子孙思慕先人的心，这样就足够了。我怎么会愿意在墓碑上刻上溢美之辞，拿来欺骗后人呢？

我一生没做过害人的事，别人之所以害我，有的是出于嫉妒，有的是无意中造成的，有的是为了钱财，大多情有可原，你们不要因此心生怨恨，只要小心避开就可以了。假如别人正好点明了我的过错，尤其应该释怀。你们只要能够做到少犯错误，不要过分张扬自己的长处，不要与显贵的人交情过于亲密，那么来害你的人自然就少了。我现在虽然很后悔，但已经来不及了，不过你们应当以我为戒。

灾祸有的避无可避，越是逃避，祸事反而更加找上身。既然不能退隐而必须为官，那坏的结局小则遭到谴责呵斥，大则身首异处，都是为官必须要面对的。如果因为要逃避谴责呵斥而去奉承上司，那么后果就不只是丢官这么简单；如果因为要逃过身首异处的命运而不顾臣子的名节，那后果就不只是身首异处这么简单。人之中本来就有性格懦弱、不敢直面灾祸的，根本就无法强求。只有一心务农，绝不去谋求升官，那么自然能够远避灾祸。

社会风气正一天天变化，需要担忧的事不只一件，幸好我已经老了，行将就木，即便不会很快离世，也绝对不会再做官。只是念及子孙，只能像老太婆一样不厌其烦地告诫你们。我们家本来就是务农的，如果能再次回归务农，这是上策。关起门来做学问，不去考科举，不求做官，这是中策。安心做一个小官，不羡慕荣耀显达，这是下策。除此三策之外，没有其他选择。你们今天听我讲这些话，心里一定不认同。但今后一定要认真对待。空闲下来和兄弟们一起看看，不断提醒自己就够了，不必告诉他人。

精气不能不聚，但聚起来后总有一天要散。精气散得有快有慢，没有办法推究。愚昧的人把欣喜或忧愁的情绪和精气的聚散挂钩，更有甚者祈祷精气聚的时间延长，不要过于短促，确实十分愚蠢。我现在已经年过八十，至多也不过再有几年的寿命，即便现在马上离世也已经不算夭折，只需关门等死，还有什么好求的呢？况且做善事本来就是读书人应该做的平常事，现在却要借此谋划身故后的福报，好像买卖交易一样，我真的以此为耻。即便没有祸福报应，难道就可以不做善事吗？

我继承了祖先的遗产，家境本就不算贫困，以家产来说，至少也算得上中等人家。在官场尽管与时不合，但也没有完全落在别人后面。平生不善于持家理财，没什么天赋，俸禄一到手，马上就用完了。现在我已经辞官，生活清贫，但心中却很安适。别人也许对此不理解，但这骗不了你们。

厚葬于活着和去世的人都没什么好处，古今通达事理的人说得已经很详细了。我们家本来就很穷，自然没有这个担心，不需要说。至于棺木，也应当量力而行。四明、临安等地倭人的商船来的时候，花三十千钱就能买到一副上好的棺材。置办真正上好的棺木，即使节衣缩食也未必能办到，但你们最终却是一定会置办的，因此要尽量节省。万一我去得仓促，这就算我的遗嘱了。你们一定要谨守我的训诫，不要因为别人说什么而动摇，棺木最终都是要入土的，好的差的有什么分别？

近些年办葬礼，常常做香亭、魂亭、寓人、寓马等祭品，这一切我都不需要。让僧人在灵前引导，尤其不是敬奉佛祖之道。广召乡邻来吊唁，对死者没有任何好处，只是增加花费罢了。这些都不要去做。

过去在坟墓旁种树，是为了方便后人找到坟墓的位置。我高祖陆轸去世以前，墓地里种植的松树多的时候也不过数十棵。曾祖陆珪最早葬在宝峰山，比上一代稍微茂密了一些，但是也不过只有几亩而已。祖父陆佃入土之后，经年累月，树木渐渐多起来了，以至于满山遍野都是。不幸的是后代渐渐有人砍伐树木去卖，眼看着不去管不行，禁止砍伐又会有争执诉讼，都是家门之耻，害处比厚葬更大。我死了以后，墓地里种树不要超过几十棵，或许不至于让子孙有砍伐去卖的不孝之举，切记切记。

墓前镇邪的石人、石虎都不需要，想要标明墓地所在，立一两根石柱就可以了。

请僧人守墓，这不是古已有之的做法。我高祖陆轸曾经是乡绅，他不是没能力修建守墓的庵堂，供养僧人，但最后没这样做，难道是对待故去的亲人过于俭朴吗？他只不过是考虑更周详罢了。坟墓越来越多，家庭财产多少不是固定不变的。如果家财丰厚当然可以置办，一旦贫穷就难以为继。还有，南方的埋葬风俗不是一个家族合葬，每一代都要分别选择墓地。如果每代的墓地都要修建庵堂、供养僧人，那几代之后，又如何负担？我的墓地只需要像前代之人一样请一位庵客负责打扫照料，每年酌情给他一些米，祭扫的时候给他一些酒、饭和少量的钱，这样才是长久之计。如果说靠供养僧人为自己积福，尤其不对。

我年轻的时候交往的都是海内名家，他们现在都已经流落各地。后起有才华的人，不嫌弃我衰弱迟钝，跟我多有交往，有的经常跟随我左右，还有许多没见过面、没什么特别交情的，只恨我没办法一一认识。还有曾经路上见过一面，内心很赏识这个人，但没来得及从容交流，随即就各奔东西的。现在既然闭门不出，因此也不可能再有后会之期了。我对于人世间的万事万物，大多都不放在心上，只有这件事不能不留有遗憾。

人生下来才能本来就有限，再加上世人大多不能充分发挥，到老了一定会有遗憾。我虽然小有成就，但也不过是一个人而已。一个人不到四十岁不应该写书，过了四十岁精力又一天不如一天，忽然就衰老，再也没有精力写书了。后世子孙一定要以我为戒。

人和万物呼吸同样的空气，同样生在天地之间，都有中正不中正的区别，按理不应该互相伤害。圣人所说的“细密的网不能用在池塘里”、“射手不射杀已归巢的鸟”，难道不是和今人畏惧因果报应一样吗？上古时圣人教导百姓猎杀禽兽来吃，不只是为民除害，也是因为过去五谷不像今天这么多，所以拿禽兽来作为谷物不足时的食物补充。如果放纵自己的口腹之欲，每顿饭都要吃肉，连残羹剩饭都足以作数人的口粮，当盛夏的时候，有些菜还没来得及下筷子，都已经腐烂发臭，我很是不认同。我现在打算除了羊、猪、鸡、鹅等之类可以供人食用的牛耕田，狗看家，人类都用得上，虽然都是畜生，也不能食用，姑且继续食用，其他天上飞的鸟，水里游的鱼，一切决不可食用，这样做才能让我稍稍安心。吃饭主要是为了填饱肚子，如果稍稍追求精致干净，拿来招待宾客，那也说得过去。如果过分追求珍稀独特，只是为了向世人夸耀，这是小孩的心态，千万不要受其影响，切记切记。

世上贪婪之人，欲望像沟壑一样难以填满，这不足为怪。至于一般人的性情，见到别人的华服珍玩，不由得怦然心动，这也是一个问题。大概人们的本性是羡慕自己没有的，不珍惜自己已有的。但也应该想一想，这件东西给了我，究竟有什么用？让别人羡慕自己，对自己有什么好处？如果能这样想，贪心就自然消失了。如果一个人天性淡泊名利，或者学识已经达到一定境界，当然就不会有这样的念头了。

读书人有和我做法相同的，虽然地位有贵有贱，交情有厚有薄，但你们见了这样的人，一定要相当恭敬谦逊。有时候自己虽然官位更高，但也应当极力尊重推崇他。如果做不到，那就注意避开就是了。我年轻的时候，看到读书人和自己父亲的至交亲朋同席而坐，并且畅谈大笑，心里十分厌恶，所以也不愿意你们这样做。

我只有在诗文上有些名气，其实名不副实，其他自己勉力行善的地方，有很多不为人所知。开始的时候本就不愿意别人知道，所以也没什么可遗憾的。天理昭昭，我希望我的后代将会有行善之人，最好世世代代都有行善之人，比富贵之人多得多，这些是我祈祷上天能赐给我的。

守孝的礼节，一定要努力做到。人有气血天生弱的，不能长时间不吃肉，他们守孝时吃肉也是允许的，但那只不过是不得已。再比如铺草苫于地，睡卧其上，东南地方低湿，绝对不适合这样做。饮食中不加盐和乳酪，南方人也做不到。像这样的事情，和礼节小有差异，这只是不得已。但是像守孝期间喝酒和大摆筵席，甚至于在家里招待客人或出外赴宴，都是可以守礼节而不守的，之所以有这样的行为，是因为近代讲究礼法的风气由盛变衰，以至于世人轻易废弃礼节。你们应该自我勉励，即便不能人人都做到严格按礼节守丧，但能做到的一定要做到，即便兄弟之间出现不一致的地方，那也是没有办法的事情。

与人打官司这件事，开始时应该特别谨慎。即使官员公正严明，可以信赖，也不要轻易这样做。更何况官员中也有暗中说人情、行贿勾通的事，他的下属更是多有索取贿赂的现象。有的官员虽然无意这样做，但天生昏庸懦弱，被手下欺骗，什么事都做得出来。一旦出现这种情况，后悔也来不及了。况且邻里之间的纠纷，不过就是侵占地界，拖欠财物，或恃强凌弱之类的事，完全可以慢慢开导，不要动不动就诉诸公堂。如果能不放在心上，不去计较，当然就更好了。参知政事李邴李汉老为他的叔父李成季所作的墓志铭称“住在乡里就应该以怯弱、比不上人为明于事理”，真是很有见地。

我甘于清贫的生活，又不喜欢对别人说，所以知道的人很少。如果现在死了，可能连棺木都无法置办。考虑到因此不免连累亲人，所以告诫你们应当极力节省花费，只要能够入土为安就可以了。更不可以以此为借口求人资助，事后转作其他用途。

九里的袁家岙大墓及我高祖、曾祖、祖父、叔父、荣国夫人、康国夫人等祖先的坟墓，一年里一定要去察看修葺一次。近些年家族中人有前去砍伐树木、骚扰侵害的，我都尽力阻止，虽然因此遭到怨恨辱骂，甚至被诬陷起诉，我都不放在心上。这一两年来似乎稍微少了一些，以后也不能保证不会再有，但已经请郡中相关衙门张贴榜文严厉警告。以后再有这种情况，以此为先例向衙门请求，一定会容易一些。但这需要你们念念不忘，方法得当才可以。

余庆藏书阁方方面面都已初具规模，不幸中间遭遇变乱，至今还没有建起来，我实在是寝食难安。如果神明保佑，希望在我没死的时候就完成这个愿望。一旦我志愿未遂就死了，你们记得帮我完成这件事，切记切记。藏书阁本来打算收藏先祖陆佃写的书，不过现在已经有族人窃取屋内供奉的物品及书籍的事情发生，如果再把书收藏在这里，恐怕将来会流失殆尽，不如书还是收藏在家里，这里只作为供奉佛祖的楼阁，再供奉先祖陆佃的神位就可以了。这件事本来不想写下来，但又不能不跟子孙说，说到这里，实在是痛心疾首，老泪纵横。

子孙的天分有限，这都没什么关系，但一定不能不让他们读书。穷的时候就教孩子做人的道理，能够让他们有饭吃，有衣穿，读书的家风一定不能废弃。如果能穿着粗布衣服和草鞋在农田耕作，从此不再到都市中去，也实在是件美事。关中有一个魏郑公庄，住的都是唐代名臣魏征的子孙，现在都在那里务农。本朝浮休居士张芸叟经过这个地方，感慨万千，留下一首诗："魏征后人不识字，一心务农郑公庄。"做官不能世代相传，不做官就务农，没有什么可遗憾的。但千万不能因为生活所迫，做一些市井之徒的小人行径，切记切记。

年轻人中才思敏捷的最容易学坏，倘若家里有才思敏捷的年轻人，做长辈的应当担心，而不要认为这是可喜的事。切记要经常加以约束和管教，让他们熟读经典、诸子百家著作，训导他们做人要宽容厚道、恭敬谨慎，不要让他们与轻浮浅薄之人来往。如果能做到这些，十多年后，他们的志向和情趣自然就能养成。否则，需要担忧的事情就不会只有一个方面。我这些话，是给后人防止犯错的苦口良药，你们都应该谨慎对待，不要将来后悔。

示季子懋修 / 明 · 张居正

录自《张太岳集》

本文是明代著名政治家张居正训诫自己第三子张懋修的家书。张居正，字叔大，号太岳，明朝中后期政治家、改革家，万历时期的内阁首辅，推行“一条鞭法”，辅佐万历皇帝朱翊钧开创了“万历新政”。张居正教子甚严，希望他们在政治上有所作为，在他的教导下，张懋修最后高中状元。

原文

汝幼而颖异[①]，初学作文便知门路，吾尝以汝为千里驹。即相知诸公见者，亦皆动色相贺曰："公之诸郎，此最先鸣者也。"乃自癸酉科举之后，忽染一种狂气，不量力而慕古，好矜己而自足，顿失邯郸之步[②]，遂至匍匐而归。

丙子之春，吾本不欲求试[③]，乃汝诸兄咸来劝我，谓不宜挫汝锐气，不得已黾勉[④]从之，竟致颠蹶[⑤]。艺本不佳，于人何尤[⑥]？然吾窃自幸曰："天其或者欲厚积而钜发之也。"又意汝必惩再败之耻，而俯首以就矩矱[⑦]也。岂知一年之中愈作

---

① 颖异：聪慧过人。

② 顿失邯郸之步：好比那邯郸学步的年轻人，把自己原来的本领忘了。

③ 不欲求试：不想让你去应试。

④ 黾勉：勉强。

⑤ 颠蹶：困顿挫折。

⑥ 尤：怨恨，归咎。

⑦ 矩矱：规矩法度。

愈退，愈激愈颓。以汝为质不敏耶？固未有少而了了，长乃懵懵[①]者。以汝行不力耶？固闻汝终日闭门，手不释卷。乃其所造尔尔[②]，是必志骛于高远，而力疲于兼涉，所谓之楚而北行[③]也。欲图进取，岂不难哉？

夫欲求古匠之芳躅[④]，又合当世之轨辙，惟有绝世之才者能之。明兴以来，亦不多见。吾昔童稚登科，冒窃[⑤]盛名，妄谓屈、宋、班、马，了不异人[⑥]，区区一第，唾手可得。乃弃其本业，而驰骛[⑦]古典。比及三年，新功未完，旧业已芜。今追忆当时所为，适足以发笑而自点[⑧]耳。甲辰下第[⑨]，然后揣己量力，复寻前辙，昼作夜思，殚精毕力[⑩]，幸而艺成，然亦仅得一第止耳，犹未能掉鞅[⑪]文场[⑫]，夺标艺院也。今汝之才未能胜余，乃不俯寻吾之所得，而复蹈吾之所失，

---

① 懵懵：糊里糊涂。

② 所造尔尔：造诣平平。

③ 之楚而北行：出自《战国策 · 魏策四》，即南辕北辙。

④ 古匠之芳躅：前贤的踪迹。

⑤ 冒窃：冒充窃取。此是张居正谦辞。

⑥ 了不异人：没什么了不起，并没有与一般的人不同。

⑦ 驰骛：指在某一领域纵横自如，并有所建树。

⑧ 自点：自污，自辱。

⑨ 下第：科举时代考试不中者曰下第，又称落第。

⑩ 殚精毕力：尽心竭力。

⑪ 掉鞅：本谓驾战车入敌营挑战时，下车整理马脖子上的皮带，以示御术高超，从容自如。后用以比喻从容显示才华。

⑫ 文场：科举的考场。

岂不谬哉?

吾家以诗书发迹，平生苦志励行，所以贻则[①]于后人者，自谓不敢后[②]于古之世家名德[③]，固望汝等继志绳武[④]，益加光大，与伊巫之俦[⑤]并垂史册耳，岂欲但窃一第，以大吾宗哉?吾诚爱汝之深，望汝之切，不意汝妄自菲薄，而甘为辕下驹[⑥]也。

今汝既欲我置汝不问，吾自是亦不敢厚责于汝矣。但汝宜加深思，毋甘自弃。假令才质驽下[⑦]，分不可强。乃才可为而不为，谁之咎与?己则乖谬[⑧]，而徒诿之命耶，惑之甚矣。且如写字一节，吾呶呶谆谆[⑨]者几年矣，而潦倒差讹[⑩]略不少变，斯亦命为之耶?区区小艺，岂磨以岁乃能工耶?吾言止此矣，汝其思之。

---

① 贻则：为后世留下典则。语出《书·五子之歌》:“有典有则，贻厥子孙。”

② 后：落后。

③ 名德：有名望德行的人。

④ 绳武：继承祖先的遗志。语出《诗·大雅·下武》:“昭兹来许，绳其祖武。”

⑤ 伊巫之俦：伊尹、巫咸之辈。伊尹、巫咸均是商朝时名臣。

⑥ 辕下驹：典出《史记·魏其武安侯列传》。指车辕下不惯驾车的幼马，也比喻少见世面、格局不大之人。

⑦ 驽下：资质驽钝，才能低下。

⑧ 乖谬：荒谬背理。

⑨ 呶呶谆谆：喋喋不休，反复告诫。

⑩ 僚倒差讹：潦草差错。

译文

你小时候聪慧过人，刚开始学习写文章就能明白写文章的方法，我曾经认为你是千里马，前途无可限量。和我相熟的朋友看到你，也都高兴地祝贺我说：“你的几个儿子当中，他应该是最先取得成功的。”然而自从你癸酉年科举考试后，忽然染上了一种狂傲之气，自不量力地只想着仿效古人。好比那邯郸学步的年轻人，把自己原来的本领完全忘了，只得爬着回家。

丙子年春天，我本不想让你去应试，你的两个兄长都来劝我，说不应该挫你的锐气，我只好勉强答应。没想到你还是再次遭遇挫折。你学艺不精，怎么能怪别人？可是从另一个角度看，我还是很庆幸地对自己说：“老天或许是让他厚积薄发吧。”我认为这次你总该记住失败的耻辱，肯放下身段用心读书了。哪里想到一年里你越来越退步，越激励越颓废。是你的资质不佳吗？从来没听说有人小时候聪慧，长大却变得糊里糊涂。是你不够努力吗？我听说你终日闭门读书，手不释卷。可是一年下来也造诣平平，定然是你好高骛远，想广泛涉猎，让自己疲于应付，这真是南辕北辙，离目标越来越远了。这样还想求取功名，难道不是更困难了吗？

想追寻前人的足迹，又能和当今社会的风气保持一致，这只有超越常人的天才才能做到。然而从我大明建立以来，这种人并不多见。我年少科举高中，名气很大，但才能却不能和名气相匹配，我狂妄地批评屈原、宋玉、班固、司马迁等先贤根本没什么特别，区区科举高中，简直唾手可得。于是我放弃原来的学业，纵情于研读古人典籍。过了三年，学习古人典籍没有什么成就，原来的学业却荒废了。现在想想当年的行为，只不过引人发笑，自取其辱。甲辰年我科举落榜，于是开始认真估量自己的实力，重拾以前放弃的学业，读书不分昼夜，发奋努力，侥幸学有所成，然而也只不过能做到科举高中罢了，但也不足以在文坛出类拔萃。而今你的才能恐怕不会超过当年的我，可是却不能放低姿态吸取我的教训，又重蹈我的覆辙，这不是很荒谬嘛！

我们家族靠读书起家，我一生立志努力进取，是要给后人做个好榜样，自认为不会落后于古代世家大族高尚的德行修养。本来希望你们能继承我的志愿，将这种精神发扬光大，做到能同伊尹、巫咸这些名臣一样彪炳史册，哪里只是想你们以科举及第来光大我们家族啊！我疼爱你那样深，对你的希望那样殷切，没想到你妄自菲薄，甘愿做格局不大的小马驹。

现在你既然希望我对你不闻不问，我自然也不会再严厉指责你。但是你要好好想想，不要自暴自弃。如果你真的是才能低下，那也是无法勉强。可是你有能力却不去做，这又能怪谁呢？自己性情荒谬背理，却归咎于命运，实在是糊涂得厉害。譬如说写字，我啰啰嗦嗦给你讲了几年，可你还是这样潦草，错误百出，没有一点改变，难道这也是命运造成的吗？写字是小事情，难道要花几年的时间才能做好吗？我的话到此为止，你好好想想吧。

了凡四训 /明·袁了凡

录自1934年上海佛学书局版，参校《祈嗣真诠》、《丹桂籍》

本文为明代思想家袁了凡所作四篇训子文，曾以《训子文》、《阴骘录》等名传世，并流传到日本、韩国等国家，是世界上影响最广泛的中国家教类作品。它融会禅学、理学与道家思想，用自己的亲身经历，结合大量真实生动的事例，告诫世人不要被“命”字束缚手脚，要自强不息，改造命运。劝人积善改过，强调从治心入手的自我修养，提倡记功过格。作者袁了凡在世时，本文中的四篇散见于《祈嗣真诠》、《立命篇》等书中，并未集结成《了凡四训》，在他去世后方由他人集结成《了凡四训》，首见于《丹桂籍》中。袁了凡，初名表，后改名黄，字庆远，又字坤仪、仪甫，初号学海，后改了凡，后人常以其号“了凡”称之，是明朝重要思想家，迄今所知中国第一位具名的善书作者。

原文

立命之学

余童年丧父，老母命弃学举业[①]学医，谓可以养生，可以济人[②]。且习一艺以成名，尔父夙心[③]也。后余在慈云寺遇一老者，修髯伟貌[④]，飘飘若仙，余敬礼之。语余曰："子仕路[⑤]中人也，明年即进学[⑥]，何不读书？"余告以故，并叩老者姓氏里居[⑦]。

---

① 举业：为应科举考试而准备的学业，明、清时专指八股文。

② 济人：救助别人。

③ 夙心：平素的心愿。

④ 修髯伟貌：胡须修长，相貌魁梧不凡。

⑤ 仕路：官场。

⑥ 进学：科举时，童生应岁试，考中的录取入府、县学，称进学。进学的童生称秀才。

⑦ 里居：籍贯。

曰："吾姓孔，云南人也。得邵子[①]皇极数正传，数[②]该传汝。"余引之归，告母，母曰："善待之。"试其数，纤悉[③]皆验。余遂起读书之念。谋之表兄沈称，言："郁海谷先生在沈友夫家开馆，我送汝寄学甚便。"余遂礼郁为师。

孔为余起数[④]，县考童生[⑤]当十四名，府考七十一名，提学[⑥]考第九名。明年赴考，三处名数皆合。复为卜终身休咎[⑦]，言某年考第几名，某年当补廪[⑧]，某年当贡[⑨]，贡后某年当选四川一大尹[⑩]。在任三年半，即宜告归。五十三岁八月十四日丑时，当终于正寝[⑪]，惜无子。余备录而谨记之。自此以后，

---

① 邵子：即邵雍，北宋哲学家、易学家，字尧夫，谥号康节。创先天学，以为万物皆由太极演化而成，著有《先天图》、《伊川击壤集》、《皇极经世书》等。

② 数：命中注定。

③ 纤悉：细致微小的地方。

④ 起数：卜课，推算。

⑤ 童生：明、清时凡是习举业的读书人，不管年龄大小，未考取秀才资格之前，都称为童生或儒童。

⑥ 提学：官名，科举时代的考官，也称学台、督学使者。

⑦ 休咎：吉凶，善恶。

⑧ 补廪：明清科举制度，生员经岁、科两试成绩优秀者，可依次升廪生，谓之"补廪"。

⑨ 贡：即贡生，明、清两朝由府、州、县学推荐到京师国子监学习的人。

⑩ 大尹：对府、县行政长官的称呼。

⑪ 正寝：房屋的正厅或正屋。

凡遇考校[1]，其名数先后，皆不出孔公所悬定[2]者。独算余食廪米[3]九十一石五斗当出贡[4]，及食米七十余石屠宗师[5]即批准补贡，余窃疑之。后果为署印[6]杨公所驳，直至丁卯年，殷秋溟宗师见余场中备卷[7]，叹曰："五策，即五篇奏议也，岂可使博洽淹贯[8]之儒老于窗下乎！"遂依县申文[9]准贡，连前食米计之，实九十一石五斗也。余因此益信进退有命，迟速有时，澹然无求矣。

贡入燕都，留京一年，终日静坐，不阅文字。己巳归，游南雍[10]，未入监，先访云谷，会禅师于栖霞山中。对坐一室，凡三昼夜不瞑目[11]。云谷问曰："凡人所以不得作圣者，只为妄念[12]相缠耳。汝坐三日，不见起一妄念，何也？"余曰：

---

① 考校：考试。

② 悬定：预言。

③ 廪米：官府按月发给在学生员的粮食。

④ 出贡：科举时代，凡屡试不第的贡生，可按年资轮流到京，由吏部选任杂职小官。某年轮着，就叫作"出贡"。

⑤ 屠宗师：即当时的提学。

⑥ 署印：代行职权之人。

⑦ 备卷：备选的试卷。

⑧ 博洽淹贯：学识广博，深通广晓。

⑨ 申文：行文呈报。

⑩ 南雍：言其为南京的辟雍，即南京的国子监。古学制，天子设立的大学称为辟雍。

⑪ 瞑目：闭上眼睛。

⑫ 妄念：邪念，虚妄的或不正当的念头。

"吾为孔先生算定[①]，荣辱死生皆有定数，即要妄想，亦无可妄想。"云谷笑曰："我待汝是豪杰，原来只是凡夫。"问其故，曰："人未能无心，终为阴阳[②]所缚，安得无数[③]？但惟凡人有数。极善之人，数固拘他不定；极恶之人，数亦拘他不定。汝二十年来被他算定，不会转动一毫，岂非是凡夫？"

余问曰："然则数可逃乎？"曰："命由我作，福自己求。《诗》、《书》所称，的为明训[④]。我教典中说，求富贵得富贵，求男女得男女，求长寿得长寿。夫妄语乃释迦[⑤]大戒，诸佛菩萨，岂诳语欺人？"余进曰："孟子言'求则得之'，是求在我者也。道德仁义，可以力求，功名富贵，如何求得？"云谷曰："孟子之言不错，汝自错解了。汝不见六祖[⑥]说，一切福田[⑦]，不离方寸[⑧]。从心而觅，感无不通。求在我，不独得道德仁义，亦得功名富贵，内外双得，是求有益于得也。若不

---

① 算定：经过推算而断定。

② 阴阳：气数。

③ 数：气数，命运。

④ 的为明训：的确都是正确的道理。

⑤ 释迦：佛教徒。

⑥ 六祖：佛家称禅宗的第六代祖师慧能。他师承五祖弘忍，主张直澈心源，顿悟成佛。慧能起初弘法岭南，是为南宗，其后蔚为"五家七宗"，影响深远，有《坛经》传世。

⑦ 福田：佛教以为供养布施、行善修德能受福报，犹如播种田亩，有秋收之利，故称。

⑧ 方寸：指内心。

返躬内省[①]，而徒向外驰求[②]，则求之有道，而得之有命矣。内外双失，故无益。”

因问：“孔公算汝终身若何？”余以实告。云谷曰：“汝自揣应得科第[③]否？应生子否？”余追省[④]良久，曰：“不应也。科第中人类有福相，余福薄，又不能积功累行以基厚福，兼不耐烦剧[⑤]，不能容人，时或以才智盖人，直心直行，轻言妄谈。凡此皆薄福之相也，岂宜科第哉？地之秽[⑥]者多生物，水之清者常无鱼，余好洁，宜无子者一；和气能育万物，余善怒，宜无子者二；爱为生生[⑦]之本，忍为不育之根，余矜惜[⑧]名节，常不能舍己救人，宜无子者三；多言耗气，宜无子者四；喜饮铄精[⑨]，宜无子者五；好彻夜长坐，而不知葆元毓神[⑩]，宜无子者六。其余过恶尚多，不能悉数。”

云谷曰：“岂惟科第哉？世间享千金之产者，定是千金人物；享百金之产者，定是百金人物；应饿死者，定是饿死人

---

① 返躬内省：回过头来反思自己的过失。
② 驰求：奔走追求。
③ 科第：指科举考试的名次。因科举考试分科录取，每科按成绩排列等第。
④ 追省：追想，回忆。
⑤ 烦剧：繁重的事务。
⑥ 秽：肮脏。
⑦ 生生：孳生不绝，繁衍不已。
⑧ 矜惜：珍惜。
⑨ 铄精：损伤精力。
⑩ 葆元毓神：保养元气和精神。

物。天不过因材而笃[①]，几曾加纤毫[②]意思？即如生子，有百世之德者，定有百世子孙保之；有十世之德者，定有十世子孙保之；有三世、二世之德者，定有三世、二世子孙保之。其斩焉[③]无后者，德至薄也。汝今既知非，将向来不发科第及不生子之相尽情改刷，务要积德，务要包荒[④]，务要和爱[⑤]，务要惜精神。从前种种，譬如昨日死；从后种种，譬如今日生。此义理[⑥]再生之身也。夫血肉之身，尚然有数，义理之身，岂不能格天[⑦]？《太甲》[⑧]曰：天作孽，犹可违；自作孽，不可活。《诗》云：永言配命，自求多福[⑨]。孔先生算汝不登科第、不生子者，此天作之孽，犹可得而违。汝今扩充德性[⑩]，力行善事，多积阴德，此自己所作之福也，安得而不受享乎？《易》为君子谋趋吉避凶，若言天命有常，吉何可趋，凶何可

---

① 笃：切实，确凿。

② 纤毫：极其细微。

③ 斩焉：因丧而哀痛的样子。

④ 包荒：包含荒秽，指度量宽大。

⑤ 和爱：和善亲爱。

⑥ 义理：合于一定伦理道德的行事准则。

⑦ 格天：感通上天。

⑧ 《太甲》：《尚书》中的一篇，记载商朝第四代君王太甲的事。

⑨ 永言配命，自求多福：出自《诗经 · 大雅 · 文王》。意思是常思虑自己的行为是否顺应天命，才能求得更多福分。

⑩ 德性：道德品性。

避？开章第一义，便说‘积善之家，必有余庆’，汝信得及[①]否？”

余信其言，拜而受教。因将往日之罪，佛前尽情发露[②]，为疏[③]一通，先求登科，誓行善事三千条，以报天地祖宗之德。云谷出功过格[④]示余，令所行之事逐日登记，善则记数，恶则退除，且教持准提咒[⑤]，以期必验。语余曰：“符箓[⑥]家有云：‘不会书符[⑦]，被鬼神笑。此有秘传，只是不动念也。执笔书符，先把万缘放下，一尘不起。从此念头不动处下一点，谓之混沌开基。由此而一笔挥成，更无思虑，此符便灵。’凡祈天立命，都要从无思无虑处感格[⑧]。孟子论立命之学，而曰‘夭寿不贰[⑨]’。夫夭与寿，至贰者也，当其不动念时，孰为

① 信得及：能够相信。

② 发露：显露所犯的过失而无所隐匿。

③ 疏：叙述平生事略之文。

④ 功过格：道士自记善恶功过的一种簿册，后广泛流行于民间。善言善行为功，记“功格”；恶言恶行为过，记“过格”。

⑤ 准提咒：佛教十小咒之一。此咒乃斩除一切揣摩情想、降伏百魔千邪之不思议法门，是任何信仰者都可以持诵的。

⑥ 符箓：道教中的一种法术，亦称“符字”、“墨箓”、“丹书”。道教声称，符箓是天神的文字，是传达天神意旨的符信，用它可以召神劾鬼，降妖镇魔，治病除灾。

⑦ 书符：画符。符，指书写于黄纸、帛上的笔画屈曲、似字非字、似图非图的符号、图形。

⑧ 感格：感于此而达于彼。

⑨ 夭寿不贰：不论短寿、长寿都没什么两样。

夭，孰为寿？细分之，丰歉[①]不贰，然后可立贫富之命；穷通[②]不贰，然后可立贵贱之命；夭寿不贰，然后可立生死之命。人生世间，惟死生为重。夭寿，则一切顺逆皆该[③]之矣。至'修身以俟[④]之'，乃积德祈天之事。曰修，则身有过恶，皆当治而去之；曰俟，则一毫觊觎，一毫将迎[⑤]，皆当斩绝之矣。到此地位，直造先天[⑥]之境，即此便是实学。汝未能无心，但能持准提咒，无记无数，不令间断，持得纯熟，于持中不持，于不持中持。到得念头不动，则灵验矣。"

余初号"学海"，是日[⑦]改号"了凡"，盖悟立命[⑧]之说，而不欲落凡夫窠臼[⑨]也。从此而后，终日兢兢[⑩]，便觉与前不同。前日只是悠悠[⑪]放任，到此自有战兢惕厉景象。在暗室屋漏[⑫]中，常恐得罪天地鬼神。遇人憎我毁我，自能恬然容

---

① 丰歉：原指庄稼收成好与不好，此代指有钱没钱。

② 穷通：困厄与显达。

③ 该：包括。

④ 俟：等待。

⑤ 将迎：逢迎，迎合。

⑥ 先天：宇宙的本体，万物的本原。

⑦ 是日：这天。

⑧ 立命：创立新的命运。

⑨ 窠臼：现成格式，老套路。

⑩ 兢兢：小心谨慎貌。

⑪ 悠悠：形容从容不迫。

⑫ 暗室屋漏：指别人看不见的地方，隐私之室。

受[1]。到明年礼部考科举。孔先生算该第三，忽考第一，其言不验，而秋闱中式[2]矣。然行义[3]未纯，检身多误。或见善而行之不勇，或救人而心常自疑，或身勉为善而口有过言[4]，或醒时操持而醉后放逸。以过折功，日常虚度。自己巳岁发愿[5]，直至己卯岁，历十余年，而三千善行始完。时方从李渐庵[6]入关，未及回向[7]。庚辰南还，始请性空、慧空诸上人[8]就东塔禅堂回向。

遂起求子愿，亦许行三千善事。辛巳，生汝天启。余行一事，随以笔记。汝母不能书，每行一事，辄用鹅毛管印一朱圈于历日[9]之上。或施食贫人，或买放[10]生命，一日有多至十余圈者。至癸未八月，三千之数已满，复请性空辈就家庭回向。

九月十三日，复起求中进士愿，许行善事一万条。丙戌

---

① 容受：容纳接受。

② 秋闱中式：秋天的乡试中举。

③ 行义：躬行仁义。

④ 过言：错误的言论。

⑤ 发愿：佛家语，发下宏大的渡世心愿。

⑥ 李渐庵：即李世达，字子成，号渐庵，嘉靖三十五年进士，历任南京太仆卿、右佥都御史、浙江巡抚、南京兵部右侍郎、刑部尚书等职。

⑦ 回向：佛教语，谓回转自己的功德，趋向于所期。期施自己的善根功德与于他者，回向于众生；以己之功德而期自他皆成佛果者，回向于佛道。

⑧ 上人：旧时尊称僧人。

⑨ 历日：历书。

⑩ 买放：花钱买生灵，然后放生。

登第[①]，授宝坻知县。余置空格一册，名曰“治心编”。晨起坐堂[②]，家人携付门役，置案上，所行善恶，纤悉必记。夜则设桌于庭，效赵阅道焚香告帝[③]。汝母见所行不多，辄颦蹙[④]曰：“我前在家，相助为善，故三千之数得完。今许一万，衙中无事可行，何时得圆满乎？”夜间偶梦见一神人，余言善事难完之故。神曰：“只减粮一节，万行俱完矣。”盖宝坻之田，每亩二分三厘七毫，余为区处[⑤]，减至一分四厘六毫。委[⑥]有此事，心颇惊疑。适幻余禅师自五台来，余以梦告之，且问此事宜信否。师曰：“善心真切，即一行可当万善，况合县减粮、万民受福乎？”吾即捐俸银，请其就五台山斋僧[⑦]一万而回向之。

孔公算予五十三岁有厄[⑧]，余未尝祈寿，是岁竟无恙，今六十九矣。《书》曰：天难谌，命靡常[⑨]。又云：惟命不于常[⑩]。

---

① 登第：登科。第，指科举考试录取列榜的甲乙次第。

② 坐堂：旧时指官吏在公堂上审理案件。

③ 赵阅道焚香告帝：赵阅道是宋朝人，笃信佛教，每一天晚上他都烧三炷香，把自己一天所做的事情巨细靡遗地报告给上天。他说我不敢告诉上天的事情，我就不敢做。

④ 颦蹙：皱眉皱额，比喻忧愁不乐。

⑤ 区处：处理，筹划安排。

⑥ 委：确实。

⑦ 斋僧：把斋饭施舍给僧人。

⑧ 厄：困苦，灾难。

⑨ 天难谌，命靡常：出自《尚书 · 咸有一德》，意思是天道不足信，命运也变化无常。谌，相信。

⑩ 惟命不于常：人的命运不是固定不变的。

皆非诳语。吾于是而知，凡称祸福自己求之者，乃圣贤之言；若谓祸福惟天所命，则世俗之论矣。

汝之命，未知若何。即命当荣显[①]，常作落寞想；即时当顺利，常作拂逆[②]想；即眼前足食，常作贫窭[③]想；即人相爱敬，常作恐惧想；即家世望重[④]，常作卑下想；即学问颇优，常作浅陋想。远思扬祖宗之德，近思盖父母之愆[⑤]；上思报国之恩，下思造家之福；外思济人之急，内思闲己之邪[⑥]。务要日日知非，日日改过。一日不知非，即一日安于自是；一日无过可改，即一日无步可进。天下聪明俊秀不少，所以德不加修、业不加广者，只为“因循[⑦]”二字耽阁[⑧]一生。云谷禅师所授立命之说，乃至精至邃、至真至正之理，其熟玩[⑨]而勉行之，毋自旷[⑩]也。

---

① 荣显：荣华显贵。

② 拂逆：违背，违反。

③ 贫窭：贫乏，贫穷。

④ 望重：名望大。

⑤ 愆：罪过。

⑥ 闲己之邪：防备自己的邪念。闲，防备。

⑦ 因循：苟且偷安。

⑧ 耽阁：同“耽搁”，耽误，拖延。

⑨ 熟玩：认真钻研。

⑩ 旷：荒废。

改过之法

《春秋》诸大夫见人言动，亿[①]而谈其祸福，靡不验者，《左》、《国》[②]诸记可观也。大都吉凶之兆，萌乎心而动乎四体，其过于厚者常获福，过于薄者常近祸。俗眼多翳[③]，谓有未定而不可测者。至诚合天，福之将至，观其善而必先知之矣；祸之将至，观其不善而必先知之矣。今欲获福而远祸，未论行善，先须改过。

但改过者，第一要发耻心。思古之圣贤，与我同为丈夫，彼何以百世可师[④]，我何以一身瓦裂[⑤]？耽染尘情[⑥]，私行不义，谓人不知，傲然无愧，将日沦于禽兽而不自知矣。世之可羞可耻者，莫大乎此。孟子曰："耻之于人大矣。"以其得之则圣贤，失之则禽兽耳。此改过之要机[⑦]也。

第二要发畏心。天地在上，鬼神难欺，吾虽过在隐微，

---

① 亿：臆测，预料。

② 《左》、《国》：即《左传》、《国语》。

③ 翳：眼球上生的遮挡视线的膜。

④ 百世可师：可以被世世代代的人尊为楷模。

⑤ 瓦裂：像瓦片一般碎裂，比喻崩溃破败。

⑥ 耽染尘情：沾染上俗世的七情六欲。

⑦ 要机：要旨。

而天地鬼神实鉴临[①]之。重则降之百殃[②]，轻则损其现福，吾何可以不惧？不惟是也[③]。闲居[④]之地，指视昭然[⑤]，吾虽掩之甚密，文[⑥]之甚巧，而肺肝早露[⑦]，终难自欺。被人觑破[⑧]，不值一文矣，乌得[⑨]不懔懔？不惟是也。一息尚存，弥天之恶犹可悔改。古人有一生作恶，临死悔悟，发一善念，遂得善终者。谓一念猛厉[⑩]，足以涤百年之恶也。譬如千年幽谷，一灯才照[⑪]，则千年之暗俱除。故过不论久近，惟以改为贵。但尘世无常，肉身易殒[⑫]，一息不属，欲改无由矣。明则千百年担负恶名，虽孝子慈孙不能洗涤；幽则千百劫沉沦狱报[⑬]，虽圣贤、佛、菩萨不能援引[⑭]。乌得不畏？

第三须发勇心。人不改过，多是因循退缩。吾须奋然振

① 鉴临：审查，监视。
② 百殃：各种灾难。
③ 不惟是也：不只是这样。
④ 闲居：避人独居。
⑤ 指视昭然：虽在私室，也好似十双眼睛看着、十根手指指着一样。
⑥ 文：修饰，文饰。
⑦ 肺肝早露：肺、肝之类的早早显露于前，比喻早被看透。
⑧ 觑破：看破。
⑨ 乌得：怎么能够。
⑩ 猛厉：气势盛，力量大。
⑪ 一灯才照：只要点燃一盏灯一照。
⑫ 殒：坠落，死亡。
⑬ 狱报：地狱。
⑭ 援引：指引。

作，不用迟疑，不烦等待。小者如芒刺在肉，速与抉剔[1]；大者如毒蛇啮指[2]，速与斩除，无丝毫凝滞[3]。此风雷之所以为益也。

具是三心，则有过斯改，如春冰[4]遇日，何患不消乎？然人之过，有从事上改者，有从理上改者，有从心上改者，工夫不同，效验亦异。

如前日杀生，今戒不杀；前日怒詈[5]，今戒不怒。此就其事而改之者也。强制于外，其难百倍，且病根终在，东灭西生，非究竟廓然[6]之道也。

善改过者，未禁其事，先明其理。如过在杀生，即思曰，上帝好生，物皆恋命，杀彼养己，岂能自安？且彼之杀也，既受屠割，复入鼎镬[7]，种种痛苦，彻入骨髓；己之养也，珍膏[8]罗列，食过即空，疏食[9]菜羹，尽可充腹，何必戕[10]彼之

---

① 抉剔：搜求去掉。

② 啮指：咬手指头。

③ 凝滞：拘泥粘滞，停止不动。

④ 春冰：春天的冰，薄而易裂。

⑤ 怒詈：怒骂。

⑥ 廓然：阻滞尽除貌。

⑦ 鼎镬：鼎和镬，古代两种烹饪器。

⑧ 珍膏：珍馐美味。

⑨ 疏食：粗粝的饭食，糙米饭。

⑩ 戕：杀害。

生、损己之福哉？又思血气之属皆含灵知[①]，既有灵知，皆我一体。纵不能躬修至德，使之尊我亲我，岂可日戕物命，使之仇我憾我于无穷也？一思及此，将有对食伤心，不能下咽者矣。如前日好怒，必思曰，人有不及，情所宜矜[②]。悖理相干[③]，于我何与？本无可怒者。又思天下无自是之豪杰，亦无尤人之学问。行有不得，皆己之德未修、感未至也。吾悉以自反[④]，则谤毁之来，皆磨炼玉成[⑤]之地，我将欢然受赐，何怒之有？又闻谤而不怒，虽谗焰[⑥]薰天，如举火焚空，终将自息；闻谤而怒，虽巧心力辩，如春蚕作茧，自取缠绵。怒不惟无益，且有害也。其余种种过恶，皆当据理思之。此理既明，过将自止。

何谓从心而改？过有千端，惟心所造。吾心不动，过安从生？学者于好色、好名、好货、好怒种种诸过，不必逐类寻求，但当一心为善，正念现前，邪念自然污染不上。如太阳当空，魍魉潜消[⑦]，此精一[⑧]之真传也。过由心造，亦由心

① 灵知：良知。

② 矜：怜悯，怜惜。

③ 相干：互相干扰，互相干犯。

④ 自反：反躬自省。

⑤ 玉成：助之使成。

⑥ 谗焰：诋毁他人的气焰。

⑦ 魍魉潜消：鬼怪便悄悄消失。魍魉，汉族神话传说中的山川精怪。

⑧ 精一：精纯。

改，如斩毒树，直断其根，奚[①]必枝枝而伐、叶叶而摘哉？大抵最上治心，当下清净。才动即觉，觉之即无。苟未能然，须明理以遣[②]之；又未能然，须随事以禁之。以上事而兼行下功，未为失策。执下而昧上，则拙矣。

顾[③]发愿改过，明须良朋提醒，幽须鬼神证明。一心忏悔，昼夜不懈，经一七[④]、二七，以至一月、二月、三月，必有效验。或觉心神恬旷[⑤]，或觉智慧顿开，或处冗沓[⑥]而触念皆通，或遇怨仇而回瞋[⑦]作喜，或梦吐黑物，或梦往圣先贤提携接引，或梦飞步太虚[⑧]，或梦幢幡宝盖[⑨]，种种胜事[⑩]，皆过消罪灭之象也。然不得执此自高，画而不进。

昔蘧伯玉[⑪]当二十岁时，已觉前日之非，而尽改之矣。至二十一岁，乃知前之所改未尽也。及二十二岁，回视

---

① 奚：何。

② 遣：排解，发泄。

③ 顾：文言连词，但。

④ 一七：一周，七天。

⑤ 恬旷：淡泊旷达。

⑥ 冗沓：繁杂。

⑦ 瞋：同“嗔”，怒，生气。

⑧ 太虚：宇宙。

⑨ 幢幡宝盖：各种彩旗以及装饰着珍宝的伞盖。

⑩ 胜事：美好的事情。

⑪ 蘧伯玉：即蘧瑗，字伯玉，谥成子，春秋时卫国大夫。封“先贤”，奉祀于孔庙东庑第一位。

二十一岁，犹在梦中。岁复一岁，递递改之。行年五十，而犹知四十九年之非。古人改过之学如此。

吾辈身为凡流[①]，过恶猬集[②]，而回思往事，常若不见其有过者，心粗而眼翳也。然人之过恶深重者，亦有效验。或心神昏塞，转头即忘，或无事而常烦恼，或见君子而赧然消沮[③]，或闻正论而不乐，或施惠而人反怨，或夜梦颠倒，甚则妄言[④]失志，皆作孽之相也。苟一类此，即须奋发，舍旧图新，幸勿自误。

积善之方

《易》曰：积善之家，必有余庆[⑤]。昔颜氏将以女妻叔梁纥[⑥]，而历叙其祖宗积德之长，逆知[⑦]其子孙必有兴者。孔子称舜之大孝曰："宗庙飨之，子孙保之[⑧]。"皆至论也。试以往事征之。

---

① 凡流：平凡之人，庸俗之辈。

② 猬集：像刺猬的硬刺那样多，比喻多且集中。

③ 赧然消沮：因沮丧而羞愧脸红。

④ 妄言：语无伦次。

⑤ 积善之家，必有余庆：出自《周易·坤·文言》，意思是积德行善之家，恩泽及于子孙。余庆，指先代的遗泽。

⑥ 叔梁纥：孔子的父亲，春秋时期宋国人，七十岁时生孔子。

⑦ 逆知：预知。

⑧ 宗庙飨之，子孙保之：后人会建立宗庙祭祀他，有子孙保护他的基业。

杨少师[①]荣，建宁人，世以济渡[②]为生。久雨溪涨，横流冲毁民居，溺死者顺流而下，他舟皆捞取货物，独少师曾祖及祖惟救人，而货物一无所取，乡人嗤[③]其愚。逮[④]少师父生，家渐裕。有神人化为道者语之曰："汝祖、父有阴功[⑤]，子孙当贵显，宜葬某地。"遂依其所指而窆[⑥]之，即今白兔坟也。后生少师，弱冠[⑦]登第，位至三公，加曾祖、祖、父如其官，子孙贵盛[⑧]，至今尚多贤者。

鄞人杨自惩，初为县吏，存心仁厚，守法公平。时县宰[⑨]严肃，偶挞[⑩]一囚，血流满前，而怒犹未息，杨跪而宽解之。宰曰："怎奈此人越法悖理，不由人不怒。"自惩叩首曰："上失其道，民散久矣。如得其情，哀矜勿喜[⑪]。喜且不可，

---

① 少师：春秋时楚国设置的官职，为君主的辅弼之官，历代多沿用，与少傅、少保合称"三孤"。

② 济渡：运人或物渡过水面。

③ 嗤：讥笑。

④ 逮：到，及。

⑤ 阴功：指在人世间所做而在阴间可以记功的好事。

⑥ 窆：安葬。

⑦ 弱冠：古代男子二十岁行冠礼，表示已经成人，但体还未壮，所以称作弱冠，后泛指男子二十左右的年纪。

⑧ 贵盛：高贵显赫。

⑨ 县宰：县令。

⑩ 挞：用鞭、棍等打人。

⑪ 如得其情，哀矜勿喜：如果弄清他们的情况，就更应当怜悯他们，而不要幸灾乐祸。

而况怒乎？”宰为之霁颜[①]。家甚贫，馈遗[②]一无所取。遇囚人乏粮，常多方以济之。一日，有新囚数人待哺[③]，家又缺米。给囚则家人无食，自顾则囚人堪悯。与其妇商之。妇曰：“囚从何来？”曰：“自杭而来，沿路忍饥，菜色可掬[④]。”因撤己之米，煮粥以食囚。后生二子，长曰守陈，次曰守址，为南北吏部侍郎。长孙为刑部侍郎，次孙为四川廉宪[⑤]，又俱为名臣。今楚亭德政[⑥]，亦其裔[⑦]也。

昔正统[⑧]间，邓茂七倡乱[⑨]于福建，士民从贼者甚众。朝廷起[⑩]鄞县张都宪楷南征，以计擒贼，后委布政司谢都事搜杀东路贼党。谢求贼中党附[⑪]册籍，凡不附贼者，密授以白布小旗，约兵至日插旗门首[⑫]，戒军兵无妄杀，全活万人。后

---

① 霁颜：收敛威怒之貌。
② 馈遗：馈赠。
③ 待哺：等待喂食。
④ 菜色可掬：脸色和黄色菜叶差不多，好像可以用手捧起。可掬，可以用手捧住，形容情状明显。
⑤ 廉宪：廉访使的俗称，主管监察事务。
⑥ 楚亭德政：即明代杨德政，字叔向，号楚亭，曾任翰林院编修、福建按察使等。
⑦ 裔：后人。
⑧ 正统：明英宗年号。
⑨ 倡乱：带头造反。
⑩ 起：征召。
⑪ 党附：结党依附。
⑫ 门首：门口，门前。

谢之子迁中状元，为宰辅[①]，孙丕复中探花[②]。

莆田林氏，先世有老母好善，常作粉团[③]施人，求取即与之，无倦色。一仙化为道人，每旦[④]索食六七团。母日日与之，终三年如一日，乃知其诚也。因谓之曰："吾食汝三年粉团，何以报汝？府后有一地，葬之，子孙官爵有一升麻子之数[⑤]。"其子依所点葬之，初世即有九人登第，累代簪缨[⑥]甚盛，福建有"无林不开榜"之谣。

冯琢庵太史之父为邑庠生[⑦]，隆冬早起赴学，路遇一人，倒卧雪中，扪[⑧]之，半僵矣。遂解己绵裘衣之，且扶归救苏。梦神告之曰："汝救人一命，出至诚心，吾遣韩琦[⑨]为汝子。"及生琢庵，遂名琦。

---

① 宰辅：辅政的大臣，一般指宰相。

② 探花：明、清两代称科举殿试考取一甲第三名的人。

③ 粉团：食品名，用糯米制成，外裹芝麻，置油中炸熟，犹如今之麻团。

④ 旦：早上。

⑤ 一升麻子之数：数量像一升麻子那么多。麻子大小似绿豆，一升麻子，数量非常之多。

⑥ 簪缨：古代达官贵人的冠饰，后遂借指高官显宦。簪为文饰，缨为武饰。

⑦ 邑庠生：即秀才。古代学校称庠，故学生称庠生，明、清时期称州、县学为"邑庠"，所以秀才也叫"邑庠生"。

⑧ 扪：按，摸。

⑨ 韩琦：字稚圭，自号赣叟，北宋政治家、名将。他与范仲淹率军防御西夏，在军中享有很高的威望，人称"韩范"。他还曾为相十载，辅佐三朝，是宋朝一个文武全才的贤能宰相。

台州应尚书，壮年习业[①]于山中。夜鬼啸集，往往惊人，公不惧也。一夕闻鬼云："某妇以夫久客不归，翁姑逼其嫁人。明夜当缢死于此，吾得代矣。"公潜[②]卖田，得银四两，即伪作其夫之书，寄银还家。其父母见书，以手迹不类[③]，疑之。既而曰："书可假，银不可假，想儿无恙。"妇遂不嫁。其子后归，夫妇相保如初。公又闻鬼语曰："我当得代，奈此秀才坏吾事。"旁一鬼曰："尔何不祸之？"曰："上帝以此人心好，命作阴德尚书矣，吾何得而祸之？"应公因此益自努励，善日加修，德日加厚。遇岁饥，辄捐谷以赈之；遇亲戚有急，辄委曲维持；遇有横逆[④]，辄反躬自责，怡然顺受。子孙登科第者，今累累[⑤]也。

常熟徐凤竹栻，其父素富。偶遇年荒，先捐租以为同邑之倡，又分谷以赈贫乏。夜闻鬼唱于门曰："千不诓，万不诓，徐家秀才做到了举人郎。"相续而呼，连夜不断。是岁，凤竹果举于乡[⑥]。其父因而益积德，孳孳不怠[⑦]，修桥修路，斋僧接

① 习业：攻读学业，钻研学问。

② 潜：秘密地。

③ 类：相似，像。

④ 横逆：横暴无理的行为。

⑤ 累累：屡屡，多次。

⑥ 举于乡：在乡试中中举。

⑦ 孳孳不怠：勤勉努力，毫不懈怠。

众[①]，凡有利益，无不尽心。后又闻鬼唱于门曰："千不诓，万不诓，徐家举人直做到都堂[②]。"凤竹官终两浙巡抚。

嘉兴屠康僖公，初为刑部主事，宿狱中，细询诸囚情状，得无辜者若干人。公不自以为功[③]，密疏[④]其事，以白[⑤]堂官[⑥]。后朝审[⑦]，堂官摘其语以讯诸囚，无不服者。释冤抑[⑧]十余人，一时辇下[⑨]咸颂尚书之明。公复禀曰："辇毂之下尚多冤民。四海之广，兆民之众，岂无枉者？宜五年差一减刑官，核实而平反之。"尚书为奏，允其议。时公亦差减刑之列，梦一神告之曰："汝命无子，今减刑之议深合天心，上帝赐汝三子，皆衣紫腰金[⑩]。"是夕，夫人有娠[⑪]。后生应埙、应坤、应埈，皆显官。

嘉兴包凭，字信之。其父为池阳太守，生七子，凭最少。

---

① 接众：接待行脚僧众，使之得以歇息住宿。

② 都堂：明代称都察院长官都御史、副都御史、佥都御史为"都堂"。派遣到外省的总督、巡抚都带有都察院御史衔，也称"都堂"。

③ 自以为功：贪图作为自己的功劳。

④ 密疏：秘密地上奏。

⑤ 白：禀告，报告。

⑥ 堂官：明、清对中央各部长官如尚书、侍郎等的通称，因在各衙署大堂上办公而得名。

⑦ 朝审：明、清两代由朝廷派员复审死刑案件的一种制度。

⑧ 冤抑：冤屈，冤枉。

⑨ 辇下：即辇毂下，在皇帝车舆之下，代指京城。

⑩ 衣紫腰金：身穿紫袍，腰佩金银鱼袋，是大官装束，亦指做大官。

⑪ 有娠：怀孕。

赘平湖袁氏，与吾父往来甚厚。博学高才，累举不第，留心二氏之学[①]。一日东游泖湖[②]，偶至一村寺中，见观音像，淋漓露立，即解橐[③]中得十金，授主僧[④]，令修屋宇。僧告以功大银少，不能竣[⑤]事。复取松布四匹，检箧[⑥]中衣七件与之。内纻褶[⑦]，系新置，其仆请已[⑧]之。凭曰："但得圣像无恙，吾虽裸裎[⑨]何伤！"僧垂泪曰："舍银及衣、布，犹非难事。只此一点心，如何易得！"后功完，拉老父同游，宿寺中。公梦伽蓝[⑩]来谢曰："汝子当享世禄矣。"后子汴、孙柽芳皆登第，作显官。

嘉善支立之父为刑房[⑪]吏，有囚无辜陷重辟[⑫]，意哀之，

---

① 二氏之学：佛教、道教的学问。

② 泖湖：原在今松江、青浦、金山、平湖一线，是湖水相连的一大片湖荡，分上泖、中泖、下泖。下泖又称圆泖，是后来黄浦江的源流之一，由于不断疏浚，得以保存至今，是古代泖湖仅存的部分，今称泖河。

③ 橐：有托底的口袋。

④ 主僧：佛寺的主持。

⑤ 竣：事情完毕。

⑥ 箧：竹箱。

⑦ 纻褶：苎麻纤维织成的布做的便服。

⑧ 已：停止。

⑨ 裸裎：赤身露体。

⑩ 伽蓝：伽蓝神的省称。

⑪ 刑房：对人用刑的地方，和牢房是一体的。

⑫ 重辟：极刑，死罪。

欲求其生。因语其妻曰:"支公嘉意[①],愧无以报。明日延[②]之下乡,汝以身事之,彼或肯用意,则我可生也。"其妻泣而听命。及至,妻自出劝酒,具告以夫意。支不听。卒为尽力平反之。囚出狱,夫妻登门叩谢,曰:"公如此厚德,晚世[③]所稀。今无子,吾有弱女,送为箕帚妾[④],此则礼之可通者。"支为备礼[⑤]而纳之。生立,弱冠中魁,官至翰林孔目[⑥]。立生高,高生禄,皆贡为学博[⑦]。禄生大纶,登第。

凡此十条,所行不同,同归于善而已。若复精而言之,则善有真有假,有端有曲,有阴有阳,有是有非,有偏有正,有半有满,有大有小,有难有易,皆当深辨。为善而不穷理,则自谓行持[⑧],岂知造孽,枉费苦心,无益也。

何谓真假?昔有儒生数辈,谒[⑨]中峰和尚,问曰:"佛氏[⑩]论善恶报应,如影随形。今某人善而子孙不兴,某人恶而家

---

① 嘉意:好意,美意。

② 延:邀请,请。

③ 晚世:近世。

④ 箕帚妾:持箕帚的奴婢,妻妾的谦称。

⑤ 备礼:礼数周备。

⑥ 孔目:旧时官府衙门里的高级吏人,掌管狱讼、帐目、遣发等事务。

⑦ 学博:经学博士,掌以五经教授学生。后泛称学官为学博。

⑧ 行持:佛教语,谓精勤修行,持守佛法戒律。

⑨ 谒:拜见。

⑩ 佛氏:佛家,佛门。

门隆盛，佛说无稽[①]矣。”中峰云：“凡情未涤，正眼未开，认善为恶，指恶为善，往往有之。不憾己之是非颠倒，而反怨天之报应有差乎？”众曰：“善恶何致相反？”中峰令试言其状。一人谓：“詈人、殴人是恶，敬人、礼人是善。”中峰云：“未必然也。”一人谓：“贪财妄取是恶，廉洁有守是善。”中峰云：“未必然也。”众人历言其状，中峰皆谓不然。因请问。中峰告之曰：“有益于人是善，有益于己是恶。有益于人，则殴人、詈人皆善也；有益于己，则敬人、礼人皆恶也。是故人之行善，利人者公，公则为真；利己者私，私则为假。又根心[②]者真，袭迹[③]者假。又无为而为者真，有为而为者假。皆当自考。”

何谓端曲？今人见谨愿[④]之士，类称[⑤]为善而取之，圣人则宁取狂狷[⑥]。至于谨愿之士，虽一乡皆好，而必以为德之“贼”[⑦]。是世人之善恶，分明与圣人相反。推此一端，种种取舍，无有不谬。天地鬼神之福善祸淫[⑧]，皆与圣人同是非，而

---

① 无稽：无从查考，没有根据。

② 根心：出自本心。

③ 袭迹：不知变化地沿袭他人的行径。

④ 谨愿：貌似诚实，谨小慎微。

⑤ 类称：大都认为。

⑥ 狂狷：有志气但放纵而不遵礼法的人。

⑦ 德之“贼”：损害道德的人。

⑧ 福善祸淫：行善的赐福，作恶的降祸。

不与世俗同取舍。凡欲积善，决不可徇[①]耳目，惟从心源[②]隐微处默默洗涤。纯是济世之心，则为端；苟有一毫媚世之心，即为曲。纯是爱人之心，则为端；有一毫愤世[③]之心，即为曲。纯是敬人之心，则为端；有一毫玩世[④]之心，即为曲。皆当细辨。

何谓阴阳？凡为善而人知之，则为阳善；为善而人不知，则为阴德。阴德，天报之；阳善，享世名。名，亦福也。名者，造物所忌。世之享盛名而实不副者，多有奇祸。人之无过咎而横被恶名者，子孙往往骤发。阴阳之际，微矣哉！

何谓是非？鲁国之法，鲁人有赎人臣、妾于诸侯，皆受金于府[⑤]。子贡[⑥]赎人而不受金。孔子闻而恶之曰："赐失之矣。夫圣人举事，可以移风易俗，而教道[⑦]可施于百姓，非独适己[⑧]之行也。今鲁国富者寡，而贫者众。受金则为不廉，何以相赎乎？自今以后，不复赎人于诸侯矣。"子路

---

① 徇：顺从，曲从。

② 心源：心性。佛教把心看作万法之源，故称。

③ 愤世：愤恨世事的不平。

④ 玩世：以不严肃的态度对待现实生活。

⑤ 赎人臣、妾于诸侯，皆受金于府：人臣即家臣奴仆之类，妾即侍妾婢女之类。鲁国的人臣、妾因连坐在别国没入官家，如果有人通过交纳赎金把他们赎出来，都可以到鲁国政府领取赏金。

⑥ 子贡：孔子弟子，擅长理财。

⑦ 教道：即教导。

⑧ 适己：追求自己快意。

拯人于溺[①]，其人谢之以牛，子路受之。孔子喜曰："自今鲁国多拯人于溺矣。"自俗眼观之，子贡不受金为优，子路之受牛为劣，孔子则取由而黜赐[②]焉。乃知人之为善，不论现行[③]，而论流弊；不论一时，而论久远；不论一身，而论天下。现行虽善，而其流足以害人，则似善而实非也；现行虽不善，而其流足以济人，则非善而实是也。然此就一节论之耳，他如非义之义，非礼之礼，非信之信，非慈之慈，皆当抉择。

何谓偏正？昔吕文懿公初辞相位，归故里，海内仰之如泰山北斗[④]。有一乡人，醉而詈之，吕公不动，谓其仆曰："醉者，勿与较也。"闭门谢之。逾年，其人犯死刑入狱。吕公始悔之曰："使当时稍与计较，送公家责治，可以小惩而大戒。吾当时只欲存心于厚，不谓养成其恶，以至于此。"此以善心而行恶事者也。又有以恶心而行善事者。如某家大富，值岁荒[⑤]，穷民白昼抢粟于市。告之县，县不理，穷民愈肆[⑥]。遂私

① 子路拯人于溺：子路救了落水的人。子路，孔子弟子，精通武艺。

② 取由而黜赐：认同子路而贬低子贡。

③ 现行：现在的行为。

④ 泰山北斗：比喻德高望重或有卓越成就、为众人所敬仰的人。泰山，东岳，在山东省泰安市。北斗，北斗星。

⑤ 岁荒：年景不好。

⑥ 肆：放纵，任意行事。

执[①]而困辱之，众始定。不然，几乱矣。故善者为正，恶者为偏，人皆知之。其以善心而行恶事者，正中偏也；以恶心而行善事者，偏中正也。不可不知也。

何谓半满？《易》曰：善不积，不足以成名；恶不积，不足以灭身。《书》曰：商罪贯盈[②]。如贮物于器，勤而积之，则满；懈而不积，则不满。此一说也。昔有某氏女入寺，欲施而无财，止有钱二文，捐而与之，主席者[③]亲为忏悔。及后入宫，富贵，携数千金入寺舍之，主僧惟令其徒回向而已。因问曰："吾前施钱二文，师亲为忏悔，今施数千金，而师不回向，何也？"曰："前者物虽薄，而施心甚真，非老僧亲忏，不足报德。今物虽厚，而施心不若前日之切，令人代忏足矣。"此千金为半，而二文为满也。钟离授丹于吕祖[④]，点铁为金，可以济世。吕问曰："终变否？"曰："五百年后当复本质。"吕曰："如此，则害五百年后人矣，吾不愿为也。"曰："修仙要积三千功行，汝此一言，三千功行已满矣。"此又一说也。又为善而心不着善，则随所成就，皆得

---

① 私执：私下里抓起来。

② 商罪贯盈：商纣王的罪恶累累，就像一串铜钱串得满满的。

③ 主席者：寺观的住持。

④ 钟离授丹于吕祖：汉朝人钟离把他炼丹的方法传授给吕洞宾。吕祖，唐朝人，字洞宾，号纯阳子，民间传说八仙之一。由于道教全真派奉他为纯阳祖师，故世称吕祖。

圆满。心着于善，虽终身勤励，止于半善而已。譬如以财济人，内不见己，外不见人，中不见所施之物，是谓三轮体空[①]，是谓一心清净，则斗粟[②]可以种无涯之福，一文可以消千劫之罪。倘此心未忘，虽黄金万镒[③]，福不满也。此又一说也。

何谓大小？昔卫仲达为馆职[④]，被摄[⑤]至冥司[⑥]，主者命吏呈善、恶二录。比至，则恶录盈庭[⑦]，其善录一轴，仅如箸[⑧]而已。索秤称之，则盈庭者反轻，而如箸者反重。仲达曰："某年未四十，安得过恶如是多乎？"曰："一念不正即是，不待犯也。"因问轴中所书何事，曰："朝廷尝兴大工，修三山石桥，君上疏谏之，此疏稿[⑨]也。"仲达曰："某虽言，朝廷不从，于事无补，而能有如是之力？"曰："朝廷虽不从，君之一念，

---

① 三轮体空：指布施时应有的态度，又称三事皆空、三轮清净。布施时住于空观，不执着能施、所施及施物三轮。三轮体空的真正意义是让人们戒除贪欲，了解事物本性为空的真理。

② 斗粟：一斗之粟，少量的粮食。

③ 镒：古代重量单位，合二十两（一说二十四两）。

④ 馆职：唐、宋于昭文馆、史馆、集贤院等处设置的担任修撰、编校等工作的官职统称。

⑤ 摄：捉。

⑥ 冥司：阴间。

⑦ 盈庭：充满整个大堂。

⑧ 箸：筷子。

⑨ 疏稿：奏疏的草稿。

已在万民。向使[①]听从，善力更大矣。”故志在天下国家，则善虽少而大；苟在一身，虽多亦小。

何谓难易？先儒谓“克己[②]须从难克处克将去”，夫子论为仁亦曰“先难”。必如江西舒翁，舍二年仅得之束修[③]代偿官银，而全人夫妇；与邯郸张翁，舍十年所积之钱代完赎银，而活人妻子，皆所谓难舍处能舍也。如镇江靳翁，虽年老无子，不忍以幼女为妾，而还之邻，此难忍处能忍也，故天降之福亦厚。凡有财有势者，其立德皆易，易而不为，是为自暴；贫贱作福皆难，难而能为，斯可贵耳。

随缘济众[④]，其类至繁，约言其纲，大约有十：第一，与人为善；第二，爱、敬存心；第三，成人之美；第四，劝人为善；第五，救人危急；第六，兴建大利；第七，舍财作福；第八，护持正法；第九，敬重尊长；第十，爱惜物命。

何谓与人为善？昔舜在雷泽[⑤]，见渔者皆取深潭厚泽[⑥]，而老弱则渔于急流浅滩之中，恻然哀之，往而渔焉。见争

---

① 向使：假使，假令。

② 克己：克制私欲，严以律己。

③ 束修：老师的酬金。

④ 随缘济众：有机缘就努力做救助众人的事。

⑤ 雷泽：亦作“靁泽”，古代大泽名，又名雷夏泽、龙泽，故址在山东菏泽。

⑥ 深潭厚泽：雷泽的深水处。水深的地方鱼多，较容易抓。相比而言，急流浅滩水流急，鱼停不住，另外浅滩水少，鱼也比较少。

者皆匿[①]其过而不谈，见有让者，则揄扬[②]而取法之。期年[③]，皆以深潭厚泽相让矣。夫以舜之明哲[④]，岂不能出一言教众人哉？乃不以言教，而以身转之，此良工[⑤]苦心也。吾辈处末世，勿以己之长而盖人，勿以己之善而形[⑥]人，勿以己之多能而困人。收敛才智，若无若虚。见人过失，且涵容[⑦]而掩覆之。一则令其可改，一则令其有所顾忌，而不敢纵。见人有微长可取，小善可录，翻然[⑧]舍己而从之，且为艳称[⑨]而广述之。凡日用间，发一言，行一事，全不为自己起念[⑩]，全是为物立则[⑪]，此大人天下为公之度也。

何谓爱、敬存心？君子与小人，就形迹[⑫]观，常易相混，惟一点存心处，则善恶悬绝[⑬]，判然如黑白之相反。故曰君子

① 匿：隐藏。
② 揄扬：赞扬。
③ 期年：一年后。
④ 明哲：明智，洞察事理。
⑤ 良工：古代泛称技艺高超的人。
⑥ 形：使之现形，显露。
⑦ 涵容：宽容。
⑧ 翻然：形容改变得快而彻底。
⑨ 艳称：羡慕并赞美。
⑩ 起念：着想。
⑪ 立则：树立标准。
⑫ 形迹：人的举动和神色。
⑬ 悬绝：相差极远。

所以异于人者，以其存心也。君子所存之心，只是爱人、敬人之心。盖人有亲疏贵贱，有智愚贤不肖，万品不齐，皆吾同胞，皆吾一体，孰非当敬、爱者？爱、敬众人，即是爱、敬圣贤；能通众人之志，即是通圣贤之志。何者？圣贤之志，本欲斯世斯人各得其所。吾合[①]爱合敬而安一世之人，即是为圣贤而安之也。

何谓成人之美？玉之在石，抵掷[②]则瓦砾，追琢[③]则圭璋[④]。故凡见人行一善事，或其人志可取而资可进，皆须诱掖[⑤]而成就之。或为之奖借[⑥]，或为之维持，或为白其诬而分其谤，务使之成立而后已。大抵人各恶其非类。乡人之善者少，不善者多。善人在俗，亦难自立。且豪杰铮铮[⑦]，不甚修形迹，多易指摘[⑧]。故善事常易败，而善人常得谤。惟仁人长者匡直而辅翼之，其功德最宏。

何谓劝人为善？生为人类，孰无良心？世路役役[⑨]，最易

---

① 合：普遍。
② 抵掷：投掷。
③ 追琢：雕琢，雕刻。
④ 圭璋：泛指贵重的玉制礼器。
⑤ 诱掖：引导扶植。
⑥ 奖借：称赞推许。
⑦ 铮铮：刚正坚贞。
⑧ 指摘：挑出错误加以批评。
⑨ 役役：劳苦不息。

没溺[①]。凡与人相处，当方便提撕[②]，开其迷惑。譬犹[③]长夜大梦，而令之一觉；譬犹久陷烦恼，而拔之清凉，为惠最溥[④]。韩愈云："一时劝人以口，百世劝人以书。"较之与人为善，虽有形迹，然对证发药，时有奇效，不可废也。失言失人[⑤]，当反吾智[⑥]。

何谓救人危急？患难颠沛[⑦]，人所时有。偶一遇之，当如恫瘝[⑧]之在身，速为解救。或以一言伸其屈抑，或以多方济其颠连[⑨]。崔子曰："惠不在大，赴人之急可也。"盖仁人之言哉！

何谓兴建大利？小而一乡之内，大而一邑之中，凡有利益[⑩]，最宜兴建。或开渠导水，或筑堤防患，或修桥梁以便行旅，或施茶饭以济饥渴，随缘劝导，协力兴修，勿避嫌疑，勿辞劳怨。

---

① 没溺：沉迷。
② 提撕：提醒。
③ 譬犹：譬如。
④ 溥：普遍。
⑤ 失人失言：可与言而不与言谓之失人，不可与言而与言谓之失言。
⑥ 反吾智：反过来检讨自己是不是够智慧。
⑦ 患难颠沛：处在危险而困难的境地，狼狈困顿。
⑧ 恫瘝：病痛疾苦。
⑨ 颠连：困顿不堪，困苦。
⑩ 利益：佛教语，指利生益世的功德，即有益于他人的事。

何谓舍财作福？释门[①]万行，以布施[②]为先。所谓布施者，只是“舍”之一字耳。达者内舍六根[③]，外舍六尘[④]，一切所有无不舍者。苟非能然，先从财上布施。世人以衣食为命，故财为最重。吾从而舍之，内以破吾之悭[⑤]，外以济人之急，始而勉强，终则泰然，最可以荡涤私情，祛除执吝[⑥]。

何谓护持正法？法者，万世生灵之眼目也。不有正法，何以参赞天地？何以裁成[⑦]万物？何以脱尘离缚？何以经世出世？故凡见圣贤庙貌[⑧]、经书典籍，皆当敬重而修饬[⑨]之。至于举扬正法，上报佛恩，尤当勉励。

何谓敬重尊长？家之父兄，国之君长，与凡年高、德高、位高、识高者，皆当加意奉事。在家而奉侍父母，使深爱婉容[⑩]，柔声下气，习以成性，便是和气格天之本。出而事君，行一事，毋谓君不知而自恣[⑪]也；刑一人，毋谓君不知

---

① 释门：佛门。

② 布施：将金钱、实物施舍给别人。

③ 六根：眼、耳、鼻、舌、身、意等六种罪恶之根。

④ 六尘：色、声、香、味、触、法，与“六根”相接便能染污净心，导致烦恼。

⑤ 悭：小气，吝啬。

⑥ 执吝：固执于吝啬，顽固不化。

⑦ 裁成：栽培，教育而成就之。

⑧ 庙貌：庙宇及神像。

⑨ 修饬：整治，整修。

⑩ 深爱婉容：深爱父母的心与委婉和顺的容貌。

⑪ 自恣：放纵自己，不受约束。

而作威也。事君如天，古人格论[①]。此等处最关阴德。试看忠孝之家，子孙未有不绵远而昌盛者，切须慎之。

何谓爱惜物命？凡人之所以为人者，惟此恻隐之心而已。求仁者求此，积德者积此。周礼，孟春之月，牺牲毋用牝[②]。孟子谓君子远庖厨[③]，所以全吾恻隐之心也。故前辈有四不食之戒，谓闻杀不食、见杀不食、自养者不食、专为我杀者不食。学者未能断肉，且当从此戒之，渐渐增进，慈心愈长。不特杀生当戒，蠢动含灵[④]，皆为物命，求丝煮茧，锄地杀虫，念衣食之由来，皆杀彼以自活。故暴殄[⑤]之孽，当与杀生等。至于手所误伤、足所误践者，不知其几，皆当委曲防之。古诗云：为鼠常留饭，怜蛾不点灯。何其仁也！

善行无穷，不能殚述[⑥]，由此十事而推广之，则万德可备矣。

---

① 格论：精当的言论，至理名言。

② 孟春之月，牺牲毋用牝：每年正月的时候，正是畜牲最容易怀孕的期间，这时候祭品不要用母的。

③ 庖厨：厨房。

④ 蠢动含灵：一切众生。

⑤ 暴殄：灭绝，残害。

⑥ 殚述：详尽叙述。

谦德之效

《易》曰：天道亏盈而益谦，地道变盈而流谦，鬼神害盈而福谦，人道恶盈而好谦。是故谦之一卦，六爻皆吉。《书》曰：满招损，谦受益。予屡同诸公应试，每见寒士将达，必有一段谦光[①]可掬。

辛未计偕[②]，我嘉善同袍[③]凡十人，惟丁敬宇宾年最少，极其谦虚。予告费锦坡曰："此兄今年必第。"费曰："何以见之？"予曰："惟谦受福。兄看十人中，有恂恂款款[④]，不敢先人，如敬宇者乎？有恭敬顺承，小心谦畏，如敬宇者乎？有受侮不答，闻谤不辩，如敬宇者乎？人能如此，即天地鬼神犹将佑之，岂有不发者？"及开榜，丁果中式。

丁丑在京，与冯开之同处，见其虚己敛容，大变其幼年之习。李霁岩，直谅益友[⑤]，时面攻其非，但见其平怀顺受[⑥]，未尝有一言相报。予告之曰："福有福始，祸有祸先。此心果

---

① 谦光：尊者谦虚，从而显示其光明的美德。语本《易・谦》："谦，尊而光，卑而不可逾。"

② 计偕：举人赴京会试。

③ 同袍：泛指同年、同僚、同学等。

④ 恂恂款款：恭谨温顺，从容自如。

⑤ 直谅益友：正直诚信、对自己有帮助的朋友。

⑥ 平怀顺受：平心静气地接受责备。

谦，天必相之，兄今年决第矣。”已而果然。

赵裕峰光远，山东冠县人，童年举于乡，久不第。其父为嘉善三尹[①]，随之任。慕钱明吾，而执文见之。明吾悉抹其文，赵不惟不怒，且心服而速改焉。明年，遂登第。

壬辰岁，予入觐[②]，晤夏建所，见其人气虚意下，谦光逼人。归而告友人曰："凡天将发斯人也，未发其福，先发其慧。此慧一发，则浮者自实，肆者自敛。建所温良[③]若此，天启之矣。”及开榜，果中式。

江阴张畏岩，积学工文，有声艺林[④]。甲午，南京乡试，寓一寺中。揭晓无名，大骂试官，以为眯目[⑤]。时有一道者[⑥]在旁微笑，张遽移怒道者。道者曰："相公文必不佳。"张益怒，曰："汝不见我文，乌知不佳？"道者曰："闻作文贵心气和平，今听公骂詈，不平甚矣，文安得工？"张不觉屈服，因就而请教焉。道者曰："中全要命，命不该中，文虽工，无益也。须自己做个转变。"张曰："既是命，如何转变？"道者曰："造命者天，立命者我。力行善事，广积阴

---

① 三尹：各级主官属下掌管文书的佐吏。

② 入觐：地方官员入朝觐见帝王。

③ 温良：温和善良。

④ 积学工文，有声艺林：学问很深，文章做得很好，在读书人中很有声望。

⑤ 眯目：看走了眼。

⑥ 道者：道士，修士。

德，何福不可求哉？”张曰：“我贫士[①]，何能为？”道者曰：“善事阴功，皆由心造。常存此心，功德无量。且如谦虚一节，并不费钱，你如何不自反，而骂试官乎？”张由此折节自持[②]，善日加修，德日加厚。丁酉，梦至一高房，得试录[③]一册，中多缺行。问旁人，曰：“此今科试录。”问：“何多缺名？”曰：“科第阴间三年一考较，须积德无咎者方有名。如前所缺，皆系旧该中式，因新有薄行[④]，而去之者也。”后指一行云：“汝三年来持身[⑤]颇慎，或当补此，幸自爱。”是科果中一百五名。

由此观之，举头三尺决有神明，趋吉避凶，断然由我。须使我存心制行[⑥]，毫不得罪于天地鬼神，而虚心屈己，使天地鬼神时时怜我，方有受福之基。彼气盈者必非远器[⑦]，纵发，亦无受用。稍有识见之士，必不忍自狭其量，而自拒其福也。况谦则受教有地，而取善无穷，尤修业[⑧]者所必

① 贫士：穷读书人。

② 折节自持：自我克制。

③ 试录：明、清时，将乡试、会试中试的举子姓名、籍贯、名次及其文章汇集刊刻成册，名曰试录。

④ 薄行：品行不端。

⑤ 持身：对自身言行的把握，要求自己。

⑥ 制行：道德和行为准则。

⑦ 远器：有才能、能担当大事的人。

⑧ 修业：学习知识，钻研学问。

不可少者也。

古语云：有志于功名者，必得功名；有志于富贵者，必得富贵。人之有志，如树之有根，立定此志，须念念谦虚，尘尘方便[①]，自然感动天地，而造福由我。今之求登科第者，初未尝有真志，不过一时意兴[②]耳，兴到则求，兴阑[③]则止。孟子曰："王之好乐甚，齐其庶几乎[④]！"予于科名[⑤]亦然。

---

① 须念念谦虚，尘尘方便：为人处事需要常常想到谦虚，这就好比得到数不尽的帮助。尘尘，佛教语，世世，无量数。方便，给予便利或帮助。

② 意兴：兴致。

③ 兴阑：兴尽。

④ 王之好乐甚，齐其庶几乎：出自《孟子·梁惠王下》，大意是大王喜好音乐若是到了极点，那么齐国的国运大概可以兴旺了。但是大王喜好音乐只是个人在追求快乐罢了，若是能把个人追求快乐的心推广到与民同乐，使百姓都快乐，那么齐国还有不兴旺的么？

⑤ 科名：科举考中而取得的功名。

译文

立命之学

我很小的时候父亲就去世了，母亲要我放弃科举，不要去考功名，改为学医，说学医可以赚钱谋生，又可以帮人。并且学好一门手艺，成就一番事业，这是父亲一直以来的心愿。后来有一天，我在慈云寺碰到一位老人，胡须修长，相貌魁梧不凡，看起来飘飘然仿佛仙风道骨，于是我很恭敬地向他行礼。这位老人对我说："你将来一定是官场中人，明年就可以去考秀才，为什么不读书呢？"我就把母亲叫我放弃读书去学医的缘故告诉了他，并且请教老人的姓名，家住何处。老人回答我说："我姓孔，是云南人。曾经得到宋朝邵康节先生留下的皇极数真传，这个皇极数命中注定要传给你。"后来，我就领了这位老人到我家，并将情形告诉母亲。母亲说："你要好好招待人家。"这位老人试着替我推算命数，结果即便是很小的事情，都得到了印证。由于老人推算我是官场中人，于是我就又动了读书的念头。我去和表哥沈称商量，表哥说："郁海谷先生在沈友夫家里开馆收徒，我送你去他那里读书非常方便。"于是我便拜了郁海谷先生为师。

孔先生替我推算，说我在县里考童生应该考第十四名，府一级的考试应该考第七十一名，提学主持的考试应该考第九名。到了第二年参加考试，三次所考的名次和孔先生推算的结果完全相符。孔先生又替我推算终生的吉凶祸福。他推算我哪一年考取第几名，哪一年应当补廪生，哪一年应当做贡生，贡生出贡后哪一年应当外放四川的地方官，在地方官任上三年半后便该辞职回乡。到五十三岁那年八月十四日的丑时，我就应该寿终正寝，可惜命里没有儿子。孔先生的这些推算我全都记录了下来，并且牢记在心中。从此以后，凡是碰到考试，所考名次先后，都不出孔先生推算的结果。唯独算我做廪生需要领到九十一石五斗廪米才能出贡，以及我领到第七十一石廪米的时候提学屠宗师会批准我补贡生，我私下暗暗有点怀疑。后来我补贡生的事果然被另一位代理提学杨公驳回，直到丁卯年，殷秋溟宗师看到我考场上答的备选试卷，慨叹道："这卷子所做的五篇策论，竟如同五篇出色的奏议一样。像这样学识广博、深通广晓的读书人，怎么可以让他埋没到老呢！"于是他就吩咐县官替我上申请补贡的公文，他亲自批准我补了贡生，因此我又多领了一段时间的廪米，算起来加上前面所领的七十一石，总计恰好是九十一石五斗。有了这段经历，我就更加相信一个人能否得功名是命中注定的，而走运迟或早也都有一定的时候，所以开始把一切都看得淡了，不再强求。

我到京城做贡生，留在那儿住了一年。在这一年里我一天到晚静坐不动，也不读书。到了己巳年，我回到南方，到南京的国子监求学。在进国子监之前，我先到栖霞山中去拜见云谷禅师。我同禅师在一间禅房里相对而坐，三天三夜没合眼。云谷禅师问我："普通人之所以不能够成为圣人，只因为有邪念在心中不断缠绕。你在这里静坐了三天，我不曾看见你起一点邪念，这是什么缘故？"我回答说："我的命运孔先生已经帮我算过了，什么时候生，什么时候死，什么时候得意，什么时候失意，都有定数，没有办法改变。就是要胡思乱想得到什么好处，也是白想。"云谷禅师笑道："我本来认为你是一个了不得的豪杰，哪里知道，你原来只是一个凡夫俗子。"我问他为什么，云谷禅师回答说："一个人不能没有心，有心便会被阴阳气数所约束，怎能没有命运？但是只有普通人才会受命运摆布。极度善良的人，命运限制不了他；极度邪恶之人，命运也限制不了他。你二十年来的命运早就被别人推算清楚了，连一点改变也没有，那你还不是普通人？"

我问云谷禅师："照您这么说，究竟命运是否能够破解？”禅师说:“命由自己创造，福分是由自己争取的。《诗》、《书》里面所讲的，的确都是正确的道理。我们佛经里说，一个人要富贵就能得到富贵，要儿女就能得到儿女，要长寿就能得到长寿。要知道，说谎话是佛家大忌，神佛菩萨又怎么能够说谎话骗人呢？”我心里还是不明白，又进一步问:“孟子称‘凡是有所求，就一定可以得到’，那是对自己有所要求。譬如说道德仁义，可以尽力去追求。再比如追求功名富贵，这不是单单对自己有所要求就能做到的，再努力去追求，没有合适的外部条件，又怎么能保证一定求到？”云谷禅师说:“孟子的话没错，但是你理解错了。你可能不知道，六祖慧能大师说过，所有供养布施，行善修德，都来自人的内心。只要从心出发去追求福报，上天没有感应不到的。内心对自己有所要求，不只是心内的道德仁义可以求得，就是身外的功名富贵也可以求到，内外双得，也就是说有了从心而发的追求，最终都能有圆满的结果。一个人如果不能反省自己内心的问题，而只是盲目地向外去追求名利，即便追求名利的方法得当，但得到得不到还是听天由命。倘若你一定要求，那不但身外的功名富贵求不到，而且因为求而不择手段，那就把心里本来有的道德仁义也都失掉了，那就是内外双失，所以乱求是毫无益处的。”

云谷禅师接着问我:“孔先生推算你终身的命运是怎样的？”我就原原本本告诉了他。云谷禅师说:“你掂量掂量自己的能力，是不是理应科举高中？理应有儿子？”我花了很长时间反省自己过去的所作所为，回答说：“我不应该科举高中，也不应该有儿子。因为有功名的人，大多有福相，我的福薄，又不能积功德、累善行，创造得享厚福的条件。而且我还不能承受琐碎繁重的事情，不能包容别人的问题，有时候自己的才干、智力盖过别人，就会言行任意放纵，胡说八道。像这种种举动，都是福薄的相，怎么可能科举高中呢？越是不干净的地方越适合长东西，相反，很清洁的水反而养不住鱼，我过分爱干净，这是我命里无子的第一个原因；中和之气才能养育万物，我常常生气发火，没有一点中和之气，这是我命里无子的第二个原因；仁爱是滋生万物的根本，隐忍是不育的根源，我只知道爱惜自己的名节，常常不肯牺牲自己去成全别人，积些功德，这是我命里无子的第三个原因；说话太多容易伤元气，我多话，因此身体不好，这是我命里无子的第四个原因；人全靠精气神活着，酒却容易消耗精神，我爱喝酒，因此精力不足，这是我命里无子的第五个原因；我喜欢整夜长坐不肯睡，不晓得保养元气精神，这是我命里无子的第六个原因。还有许多其它的过失，说也说不完。”

云谷禅师说：“岂只科举考试是这样？这个世界上能够拥有价值千金产业的，一定是享有千金福报的人；能够拥有价值百金产业的，一定是享有百金福报的人；饿死的，一定是应该受到饿死报应的人。上天不过是根据他的本质坐实罢了，哪里有丝毫主观的加减？就像生儿子，一个人积了一百代的功德，就一定会有一百代的子孙来保护他的福报；积了十代的功德，就一定会有十代的子孙来保护他的福报；积了两三代的功德，就一定有两三代的子孙来保护他的福报。至于那些断子绝孙的，是功德极薄的缘故。你既然知道自己的问题，那就应该把你不能得到功名和命里无子的种种福薄之相全力改掉，一定要积德，一定要度量宽大，一定要和气仁爱，而且要爱惜自己的精神。从前的一切一切，就像昨日，已经不存在了；以后的一切一切，就像今天，刚刚开始。能够做到这样，就是你重新再生了一个讲求义理道德的生命。我们血肉之躯尚且还有天命，而讲求义理道德的新生，哪有不能感动上天的道理？《尚书·太甲篇》里写道：上天降给你的灾祸或者可以避开，而自己若是做了孽，就要受到报应，一定逃不掉。《诗经》上也讲：常思虑自己的行为是否顺应天命，才能求得更多福分。因此，求祸求福，全在自己。孔先生推算你不能科举高中、命中无子，这是上天注定的，还是可以改变的。你只要将自己本来就有的道德天性发扬，尽量多做一些善事，多积一些阴德，这都是你自己造的福，别人要抢也抢不去，怎么可能不享福报呢？《易经》是为君子谋划趋吉避凶的，如果说命运是一定不能改变的，那又怎能求得吉祥、避开凶险呢？《易经》开头第一章就说‘经常行善的家庭，必定福报无穷’，这个道理，你能够相信吗？”

我相信了云谷禅师的话，拜谢他的教诲。同时我把自己从前所犯的罪恶，不论大小轻重，在佛祖前全部吐露，并且为此作了一篇文字，先祈求能科举高中，发誓要做三千件善事来报答天地祖宗的大恩大德。云谷禅师拿出功过格给我看，叫我照着功过格所订的方法去做，做的事不论是善是恶，每天都要记在功过格上，善的事情就记在功格下面，恶的事情就记在过格下面，并且还教我念准提咒，更加上了一重佛的力量，希望我所求的事会成功。云谷禅师又对我说：“有画符箓的高人曾说过：‘一个人如果不会画符，是会被鬼神耻笑的。画符有一种秘密的方法传下来，就是只要不动念头就可以了。当执笔画符的时候，把一切万事万物都放下，没有一丝杂念。在没有一丝杂念的情况下，用笔在纸上画一个点，这一点就叫混沌开基。从这一点开始画起，一挥而就，再不起别的念头，那么这道符就一定会灵验。’不但画符不可夹杂私心杂念，凡是祷告上天，或者是创立新的命运，都要从没有私心杂念上用功，这样才能感动上天。孟子讲创立新命运的道理时说：‘短命和长寿没有分别。’短命和长寿是完全相反的，但是当人心里没有私心杂念的时候，短命和长寿又有什么分别呢？如果把创立新的命运深入分析，把有钱没钱看得没分别，才能改变贫穷的命运；把困厄与显达看得没有分别，才能改变低贱的命运；把短命和长寿看得没有分别，才能改变短命的命运。人生在这个世界上，只有生死最大。所以短命和长寿，就概括了一切的顺境逆境。至于孟子所说的‘修养身心等待命运的到来’，就是指自己要修养德行，祈祷上天改变自己的命运。说到修养身心，那么身上有一点过失罪恶，就应该完全去掉；讲到等待，那么一点一滴的非份之想，一丝一毫的逢迎，都要完全斩断。能够做到这种境界，已经是达到先天不动念头的境界了，这便是世间真正受用的学问。你现在还不能做到不动念头的境界，若能经常念准提咒，不必刻意去记或数念了多少遍，只要一直念下去，不要间断，念到极熟的时候，口里在念，却不觉得自己在念，这叫做持中不持；在不念的时候，不自觉地仍在念，这叫做不持中持。念咒念到这个境界，那就我、咒、念成为一体，自然不会有杂念，所求的事也就没有不灵验的了。”

我起初号“学海”，自从那天起就改作“了凡”。因为我明白了改变命运的道理，便不愿意再走凡夫俗子的老路。从此以后，整天小心谨慎，自己也觉得和从前大不相同。从前都是悠闲轻松地放任自流，现在自然成了小心谨慎、心存戒惧的样子。即使是在暗室无人的地方，也常怕得罪天地鬼神。碰到别人讨厌我、诋毁我的，我也能够安然接受，不与旁人计较争论。见云谷禅师的第二年，我便到礼部去应考。孔先生推算我应该考第三名，哪知道竟然考了第一名，孔先生的推算第一次没有应验，而我居然能在秋天的乡试中高中。虽然我改掉了很多自身问题，但躬行仁义却还不够纯粹，反省自己的行为，还是有很多不对的地方。或者看到善事，做得时候还不够果敢；或者遇到有人求救，经常会迟疑，没有坚定地去救人；或者虽然勉力去做善事，但却时常有失当的言论；或者清醒的时候还能把持住自己，但酒醉后就不免放纵。功和过大致相抵，许多日子便这样虚度了。自从己巳年立下志愿做三千件善事，直到己卯年才做完，已经过了十多年了。当时我刚跟随李渐庵先生回到关内，还没来得及将自己所做的三千件善事回转向众生。到庚辰年，我回到了南方，方才请了性空、慧空等得道高僧，借东塔禅堂回向。

此时，我又起了求子的心愿，便许下做三千件善事。到辛巳年，生了你天启。我每做一件善事，便用笔记下来。你母亲不会写字，每做一件善事，就用鹅毛管印一个红圈在日历上。或是送食物给穷人，或买下活的东西放生，都要记圈，有时一天会记十几个红圈。到了癸未年八月，三千善事就已经功德圆满了。随后我便又请了性空和尚等在家里回向。

癸未年九月十三日，我又起了中进士的心愿，并且许下做一万条善事。丙戌年，我居然中了进士，外放做宝坻知县。我做宝坻知县时，准备了一本有空格的小册子，我叫它作“治心篇”。每天早晨起来坐堂审案的时候，我便叫家人拿这本治心篇交给门口的衙役，请他放在我的办公桌上。每天所做的善事、恶事，即便极小，我也一定要记在治心篇上。到了晚上，我便在庭院中摆了桌子，仿照宋朝的铁面御史赵阅道，焚香祷告天帝，把一天所做的事事无巨细地向上天祷告，天天都是如此。你母亲见我所做的善事不多，常常皱着眉头说："你从前在家，能够帮着做善事，所以你许下的三千件善事能够很快做完。现在你许下做一万件善事，在衙门里又没什么善事可做，那要等到什么时候才能做完？"某天夜里，我做了一个梦，梦里我见到一位天神，我便将一万件善事不易做完的原因告诉了天神，天神说："就只是你当知县为地方减纳钱粮这件事，就已经足够抵你的一万件善事了。"在此之前，宝坻县的田每亩要收税银两分三厘七毫，我觉得百姓出得太多，便把每亩田应缴纳的税银减到了一分四厘六毫，这件事情确实是有的，我感觉惊恐，怎么这事会被天神知道，并且还疑惑这件事是否真的可以抵得了一万件善事。此时恰好幻余禅师从五台山来到宝坻，我就把梦里的事告诉了禅师，并问禅师这件事是否可信。幻余禅师说："如果行善之心真诚恳切，即便只做一件善事，也可以抵得过一万件善事了。况且你是减轻全县的钱粮，上万百姓都能得到你减税的恩泽呢？"我听了禅师的话，立刻把我所得的俸银捐出来，请禅师在五台山替我买斋饭施舍给一万名僧人来回向。

孔先生推算我五十三岁有灾，后来我也没有祈祷上天增加我的寿命，但五十三岁那年竟然一点病痛都没有，现在都已经六十九岁了。《尚书》上说：天道不足信，命运也变化无常。又说：人的命运不是固定不变的。这些话一点都不假。我这才知道，凡是讲人的祸福应该自己去追求的，是圣人的话；若是说祸福都是天注定，那才是世上庸人的看法。

你的命运，不知道究竟会怎样。就算命中注定应该荣华富贵，还是要常常做好不如意的准备；即便现在一帆风顺，也要做好将来困顿挫折的准备；即便现在丰衣足食，也要做好随时落魄的准备；即便现在受别人的爱戴和尊重，也要保持小心谨慎的畏惧之心；即便你家世尊贵，名望大，也要常常想想如果地位卑下应该怎么做；即便你学问高深，也要时常把自己看作浅陋之人待人处事。往远里说，应该弘扬祖先的美德；往近里说，应该想想如何弥补父母的过失。往高里说，要想着报效祖国；往低里说，要想着为自己的家族造福。对外要想着在别人困难时伸出援手，对内要谨记防备自己的邪念作祟。一定要每天反思自己的过错，每天及时把这些过错改过来。如果有一天不知道自己的过错，就会一天安心地自以为是；如果有一天无过可改，就是这一天都没有进步。天底下聪明俊秀的人不少，然而很多人不去在道德上修行，事业不用功去做，就只因为“因循”这两个字，得过且过，最终耽搁了他们的一生。云谷禅师传授的改变命运的方法，实在是最精妙深远、真切正大的道理，你一定要反复研究，还要尽力去做，千万不要把大好的光阴虚度了。

改过之法

春秋时各国的士大夫常常会从一个人的言语、行为来判断这个人可能遭遇的吉凶祸福，并且全都应验了，这在《左传》和《国语》等书中都能看到记载。大凡吉凶的预兆，都先从内心萌发出来，然后表现在形体上。那些积德比较多的人就会经常有福报，积德比较少的就比较容易遭到灾祸。世俗之人眼睛被遮蔽，所以才认为那是不确定的，也无法预测。一个人诚心合乎天道，看到他一心向善，就可以预知他的福报将要到了；看到他为非作歹，就可以预知他的灾祸将要来临了。一个人想要获得福报并且远离灾祸，在行善之前，先要把自己的过失改掉。

凡是改过的人，第一要有羞耻心。想想古时候的圣贤，和我一样都是七尺男儿，为什么他们可以成为千秋万代效法的榜样，为什么我这一生却像瓦片裂开一样失败呢？沉溺于世俗的感情，暗中做出不义的事情，以为这样别人不知道，还抬头挺胸，面无愧色，就会逐渐沦落到像禽兽一样的人都不自知。世界上最令人感到羞耻的事情，没有比这更大的了。孟子说：“羞耻之心对人来说是大事。”因为有羞耻之心就可能成为圣贤，没有羞耻之心就可能沦为禽兽，羞耻心正是改正过错的关键。

第二要有畏惧之心。天地在上注视着凡人的一举一动，连鬼神也是不容易欺骗的，即便我们的过错很隐蔽而微小，但是天地鬼神在上监察着我们，过失重的就会降下灾祸，过失轻的也要减损现在的福报，我们能不畏惧吗？还不只这样。即便避人独居，也好似有十双眼睛看着你，十根手指指着你一样。我们虽然把过失遮盖得十分严密，掩饰得十分巧妙，但是在神明看来，我们的五脏六腑早被看透，到最后还是没有办法欺骗他们。等到被别人看破，你就一文不值了。这又怎么能不凛然畏惧呢？还不只这样。一个人只要还有一口气在，就算是犯下滔天的罪过，还是可以改过的。古时候有个人，做了一辈子的坏事，到他快死的时候忽然悔悟，生发了一个行善的念头，最终竟得以善终。这就是说，人若是在紧要关头能够产生一个非常痛切又强烈的善念，便可以把百年所积的罪恶洗干净。譬如千年黑暗的山谷，只要用一盏灯一照，光照之处，就可以把千年来的黑暗完全驱散。所以犯的罪过不论时间长短，只要能改，就很可贵。只是世事无常，我们的血肉之躯很容易消失，只要一口气没喘过来，这个身体就不是我的了，到那个时候就是想改，也没法改了。一旦过无法改，在阳间你就要担负千百年的恶名，即使你有孝顺的子孙，也不能替你洗清；在阴间你还要经历千百劫的磨难，沉沦在地狱，即使有大圣人、佛祖菩萨也没法救助接引你，这怎么能不畏惧呢？

第三，一定要有勇敢之心。一个人之所以有了过失不肯改，都是因为得过且过，畏难退缩。我们一定要发奋振作，绝对不能够迟疑，不要等待。小的过失，像尖刺戳在肉里，要赶紧挑掉；大的过失，就像毒蛇咬到手指头，要赶紧切掉手指头，不能有丝毫的犹豫迟疑。就像《易经》中的益卦所讲，风起雷动，万物都生长起来，好处是这样的多。

如果一个人具备了以上所说的羞耻之心、畏惧之心、勇敢之心，那么就能有过即改，就像春天的薄冰碰到阳光，还怕不融化吗？但人改正过错的方法，有从事情本身上改的，有从情理上改的，有从心理上改的。改正的方法不同，取得的效果自然不同。

譬如前一天犯了杀生的罪过，今天就不再杀生；前天发了火骂人，今天起就不再骂人了。这就是从事情本身来改正的。这种方法从外面进行压制，所以难度会增加百倍，而且犯错的病根没有去掉，虽然一时勉强压住，终究还是要露出来的，在东边把它灭了，西边又会冒出来，究竟不是彻底根除过错的方式。

善于改正过错的人，在没有从事情本身上改正之前，先要弄明白这些事不能做的道理。譬如一个人所犯的过失在杀生，那么他就应该想到，上天养育万物，凡是有生命的都会爱惜，伤害别人的生命来养活我的身体，自问能心安吗？被杀的生命既要受到刀割屠宰的痛苦，还可能要放到锅里水煮油煎，这样的痛苦，一直要透到骨髓里。要养活自己，即便山珍海味摆满桌子，吃过也就没了。粗粮菜汤就可以充饥，何必一定要去伤害生命，损害自己的福报呢？又要想到，凡是有血气、有生命的东西，都有灵性知觉，既然都有灵性知觉，那么和我都是一样的。就算是自己不能修到道德极高的地步，使他们都来尊重我、亲近我，又怎能天天伤害生命，使它们与我结仇，永远恨我呢？一想到这些，面对桌上有血肉、有生命的菜肴，自然觉得伤心，不能下咽了。譬如像前一天发怒骂人了，一定要想到，每个人都有自己的短处，照情理，我们应该要同情他的苦恼，原谅他的短处。若是有人不讲道理冒犯了我，那是错在他，与我有什么关系？本来就没什么怒可以发。还要想到，天下绝对没有自己称赞自己的英雄豪杰，也绝对没有责怪旁人的学问。一个人做事处处不能称心，那是因为自己的功德还没有修行好，不能感化别人，都应该反过来自我检讨。能修行到这个境界，别人诋毁诽谤我，反而变成磨炼和考验我，我应该高高兴兴接受别人给我的教训、批评，为什么要发怒呢？再者说，听到别人诽谤自己能不生气，尽管坏话满天飞，像火光薰天，也不过是像拿火把去烧天空，结果只能是自己熄灭；若是听到别人诽谤自己就生气，虽然你用尽心思去辩白，结果却像春蚕吐丝，做成茧把自己束缚住了，自讨苦吃。所以生气不但没好处，反而是有害的。至于其它种种过错，也都应该依照道理去思考。道理弄明白了，那就自然不会犯错了。

什么叫做从心理上改过？人的过失有千千万万种，但都是来自人的内心，人的心如果没动过犯错的念头，过错又怎么会产生？读书人对好色、好名、贪财、易怒等种种过错，不必一个个去改，只要一心一意行善，光明正大的念头常驻心中，邪念自然就污染不了你。譬如太阳当空照，所有的妖魔鬼怪自然暗暗消失，这就是最精纯而唯一的改错诀窍。过错都是从内心萌发的，自然也要从内心这个根子上改，就好比砍伐毒树，直接斩断它的根就可以了，又何必要一枝一枝地剪、一叶一叶地摘呢？大体上说，改过上上之策还是修行内心，这样就可以立刻清净。坏的念头一动，自己就会发觉。自己能发觉，就可以立刻停止坏的念头。如果做不到这样，就一定要弄明白这事不能做的道理，然后再改正。如果这样也做不到，那就只能碰到过错就改掉，禁止再犯。如果采用上策但兼顾下策的效果，还不算失策；如果固执地采用下策而对上策一无所知，那就是食古不化。

但是发下誓愿改过也需要助力，明里要有良师益友时时提醒，暗里需要鬼神来见证。还要一心一意虔诚忏悔，白天夜里都不懈怠，经过一个七天、两个七天，直到一个月、两个月，三个月，这样忏悔下去，一定会有效果。到时你或许会觉得心旷神怡，或许会觉得茅塞顿开，或许会觉得处理繁琐复杂的事触类旁通，或许碰到冤家仇人不再发怒，能面露微笑，或许会感觉在梦里吐出黑的东西，消除业障，或许会梦到古圣贤来提携牵引，或是梦见自己飞到天空中，逍遥自在，或是梦见得道者才能用的各种彩旗以及装饰珍宝的伞盖，这种种少见的事情，都是改正过错的好征兆。但是也不能因为碰到这些好征兆就自以为了不起，画地为牢，阻碍自己再上进。

春秋时卫国的贤大夫蘧伯玉二十岁已经能时时反醒自己的过失，并完全改掉。到了二十一岁的时候，又觉得从前所改的过失并不彻底。到了二十二岁，再回头看二十一岁，还像在梦中一般。像这样一年一年地过去，一年一年地逐步改过，直到五十岁那年，还觉得过去的四十九年都是有过失的。古人对于改过的学问大概就是这样的。

我们都不过是平凡人，过错就像刺猬身上的刺一样，聚了一身。回想过去的事，常常像看不到自己的过失，这都是因为粗心，被表象蒙蔽了。但是，一个人的过失严重到了一定程度，也有一些征兆，或者是心思混乱堵塞，随便什么事转头就忘了；或者是无缘无故自寻烦恼；或者是见到品德高尚的君子因沮丧而羞愧脸红；或者是听到光明正大的道理反而不开心；或者是施恩惠给别人反而招来怨恨；或者是夜里常做噩梦，甚至严重到语无伦次，神志不清。这些都是犯了严重过失的特征。如果一旦出现这种情形，就应该即刻振奋精神，把旧的种种过失一起改掉，另外开辟一条新的人生大道，千万不可自己耽误自己。

积善之方

《周易》上说：积德行善的人家，家里一定有用不完的福报。春秋时颜姓人家决定把女儿许配给孔子的父亲叔梁纥，便是因为了解到叔梁纥祖祖辈辈积累的善行很多，预料他的子孙中必然有光宗耀祖之人。孔子称赞舜的大孝说："像舜这样的大孝子，后人会建立宗庙祭祀他，有子孙保护他的基业。"这都是至理名言。我们可以用过去的事对这些话加以验证。

有一位做过少师的人，姓杨名荣，是福建建宁人，其祖先世代以摆渡为生。有一次，因为连日阴雨，溪水涨了起来，引发大水灾，水势汹涌，横冲直撞，把民房都冲毁了，淹死的人顺着水势向下游漂来。别的船都去捞取水中漂来的财物，只有杨荣的曾祖父和祖父只顾去救水里漂来的灾民，财物一件都不捞。乡人都偷偷嘲笑他们蠢。等到杨荣的父亲出生，家里就逐渐宽裕了。有一天，一位神仙化作道士的模样，告诉杨荣的父亲："你的祖父和父亲积了许多功德，子孙将来应该有人做大官。可以将你的祖父、父亲葬在某一个地方。"杨荣的父亲听了，就照道士所指定的地方把他的祖父和父亲葬下。这座坟，就是现在大家所知道的白兔坟。后来杨荣出生，年仅二十岁就中了科举，并迅速升迁，一直做到位列三孤的少师，朝廷还追封他的曾祖父、祖父、父亲，使他们的追赠官爵能与杨荣的官位相匹配。而且杨荣的后代非常兴旺，一直到现在还有许多贤能之士。

浙江鄞县人杨自惩，起初在县衙做县吏，心地非常淳厚，而且奉公守法，做事公正。当时的县令非常严厉，有一次打一个囚犯打到血流满地，县令还是余怒未消。杨自惩就跪下替囚犯求情。县令说："你求情，本来没有什么不能放宽的，但是这个犯人不遵法纪，违背天理，不由得人不生气。"杨自惩一边叩头一边说："如果在上位的人不能自正其身，在下的百姓早就离心离德了。弄清他们的情况，就更应当怜悯他们，而不是自鸣得意。自鸣得意尚且不行，更何况还对他们发火？"县令听了杨自惩的话，面容立即缓和了下来，不再发怒。杨自惩的家里很穷，但他虽然穷，别人送礼却一概不肯接受。碰到犯人缺粮，他还常想各种方法弄米来救济他们。有一天，来了几个新犯人，还没吃上饭，刚巧杨自惩自己家里米也不多了。如果拿自己家的米给犯人吃，那么自己家人就没得吃了。如果只顾自己吃，那么囚犯又饿得可怜。没有办法，杨自惩便同他的妻子商量。他的妻子问他说："犯人从什么地方来的？"他便回答："从杭州来的。一路饿着肚子，脸上没有一点血色，饿得脸色和黄菜叶差不多了。"于是两人就决定自己不吃饭，把所存的米拿出来，煮稀饭给新来的犯人吃。后来杨自惩生了两个儿子，老大叫做守陈，老二叫做守址，两人曾分别担任南北吏部侍郎。大孙子担任过刑部侍郎，二孙子也做到四川廉防使，都是当时的名臣。本朝的杨德政先生，也是杨自惩的后代。

正统年间，匪首邓茂七在福建一带造反，福建的读书人和老百姓跟随他起事的很多。朝廷起用担任都御史的鄞县人张楷南下征剿，张楷用计剿杀了很多贼人，并委任福建布政司的谢都事去搜捕斩杀东路的贼党。谢都事不肯乱杀人，便向各处寻找依附贼党的名册，凡是不在名册内、没有依附贼党的，就暗中给他们一面白布小旗，约定官兵搜查贼党的时候，他们就把这面白布小旗插在自己家门口作为标志。谢都事因此严禁官兵骚扰插白旗的人家，不准滥杀无辜，就这样救了大约有一万人之多。后来谢都事的儿子谢迁高中状元，官拜宰相，他的孙子谢丕也中了探花。

福建莆田林家，祖上有位老母亲喜欢做善事，时常用糯米粉做成麻团施舍给穷人，只要有人向她要她就给，从来不会有厌烦的时候。有一位仙人变作道士，每天早晨向她讨六、七个麻团。老母亲每天给他，一连三年，每天都一样，仙人确定她做善事是出于诚心，就对她说："我吃了你三年的麻团，要怎样报答你呢？你家后面有一块地，若是你死后葬在这块地上，将来子孙做官的人数，就会像一升麻子的数量那么多。"老太太去世后，她的儿子依照仙人的指示把老太太安葬。林家的子孙第一代就有九人考中科举，后来世世代代做大官的人非常多。后来福建就有“无林不开榜”的民谣。

太史冯琢庵的父亲还是秀才的时候，有一个冬天的早上，他起来上学，碰到一个人倒在雪地里，用手一摸，已经快冻僵了。冯老先生马上把自己穿的皮袍脱下来给他穿上，并把他搀到家里，把他救醒。冯老先生救人后，有一天夜里，梦到一位天神告诉自己：“你救人一命，完全出自一片至诚之心，所以我要派大英雄韩琦投胎到你家，做你的儿子。”等到后来琢庵先生出生，就起名叫冯琦。

浙江台州有一个应大猷尚书，年轻时曾在山中读书。山中夜里鬼常聚在一起大叫，很吓人，但应大猷不怕。有一夜，应大猷听到一个鬼说：“有一个妇人，因为丈夫出远门好久没回来，她的公婆认为儿子可能已经死了，就逼这个妇人改嫁。但是这个妇人要守节，不肯改嫁。明天夜里，她要在这里上吊，我可以找到一个替身了。”应大猷听到这些话，动了救人的心，偷偷地把自己的田卖了，得了四两银子，马上假托妇人丈夫的名义写了一封信回家，随信把银子寄回去。妇人的公婆看到信后认为笔迹不像，怀疑信是假的。后来他们又说：“信可以是假的，但是银子不能假呀，儿子在外一定平安无事。”于是他们就不再逼媳妇改嫁了。后来他们的儿子回来了，依靠应大猷的保全，夫妇仍像以前那样快乐地生活。后来，应大猷又听到那个鬼说：“我本来找到替身了，哪知道被这个秀才坏了我的事。”旁边一个鬼说：“你为什么不去害他呢？”那个鬼回答说：“上天因为这个人心好，已经准备派他做阴德尚书了，我怎么还能害他呢？”应大猷听了这两个鬼的话后就更加努力修行，善事一天一天做，功德也一天一天增加。碰到荒年的时候，每次都把自家的粮食捐出来赈灾；碰到亲戚有难处，他一定想尽办法帮人家渡过难关；碰到横暴无理的行为，总会自我反省，检讨自己的过失，然后就能心平气和地接受现实。因为应大猷尚书能够这样做人，所以他的子孙科举高中的到现在已经不计其数了。

江苏常熟的徐栻徐凤竹先生，他的父亲一直很富有。有一次碰到荒年，他父亲就先把自己应收的田租捐掉，作为全县有钱人的表率，倡导大家都来这样做。同时他又把自家粮食分出去救济穷人。有一天夜里，他听到有一群鬼在门口唱道：“千不说谎，万不说谎，徐家秀才，快做举人郎。”那些鬼连续不断地呼叫，夜夜不停。这一年，徐凤竹去参加乡试，果然考中了举人。他的父亲因此十分高兴，就继续努力不倦地做善事，积功德，同时又修桥铺路，施斋饭供养出家人，接待行脚僧人住宿，凡是对别人有好处的事情，无不尽心去做。后来他又听到鬼在门前唱道：“千不说谎，万不说谎，徐家举人，做官直做到都堂。”结果徐凤竹最终官至两浙巡抚。

嘉兴屠勋屠康僖先生，起初任刑部主事，夜里就住在监狱里。他一有时间就仔细盘问囚犯，结果发现很多人是被冤枉的。但是屠勋并没有上报朝廷请功，而是悄悄地把这些人的冤情写下来，上公文呈报给刑部尚书。后来到朝廷复审的时候，刑部尚书把屠勋提供的线索拿出来跟囚犯核实，囚犯们都老老实实地供认，没有一个不心服的。因此，尚书就把原来被冤枉的十几个人释放了，一时间京城里的百姓都称赞刑部尚书明察秋毫。后来屠勋又向尚书禀报说："在天子脚下尚且有那么多被冤枉的人，全国这样大的地方，千千万万的百姓，哪会没有被冤枉的人呢？所以应该每五年再派一位减刑官，到各省去细查囚犯犯罪的实情，若有被冤枉的，就给他们平反。"尚书就代为上奏皇帝，皇帝也准了他的建议，派减刑官到各省去查实。屠勋也被派为减刑官。有一天晚上，他梦见天神告诉他说："你命里本来没有儿子，但是因为你提出减刑的建议，正与上天好生之心相合，所以上天赐给你三个儿子，将来都可以做大官。"这天晚上，屠勋的夫人就有了身孕。后来生下了应埙、应坤、应埈三个儿子，果然都做了高官。

嘉兴人包凭，字信之，他的父亲做过池阳太守，生了七个儿子，包凭是最小的。包凭后来被平湖袁家招赘做了上门女婿，和我父亲常常来往，交情很深。他的学问广博，才气很高，但是每次考试都考不中，因此心灰意冷，便对佛教、道教的学问很感兴趣。有一天他到东边的泖湖游玩，偶然看到一处乡村寺庙的庙宇坏了，寺里的观音像因为屋破就露天放着，无法遮挡雨水。当时他就拿出行囊中的十两银子给寺里的住持，叫他修理一下房屋。和尚告诉他修寺的工程大，银子不够用，没法动工。于是他又拿出四匹松布，再把竹箱中随声携带的七件衣服拿出来给和尚。其中有一件是用麻织布料做的夹衣，是新做的，他的佣人请求他别送，但是包凭说："只要观音菩萨的圣像能够安然无恙，不被雨淋，我就是赤身露体又有什么关系呢？"和尚听后流着眼泪说："施舍银两和衣服布匹都不是难事，只是这一点诚心，确实是非常难得的。"后来庙宇修好了，包凭就拉着他父亲同游这座寺庙，夜里住在寺中。那天晚上，包凭做了一个梦，梦到寺里的伽蓝神来谢他说："你做了这些功德，你的后代可以世世代代享受官禄。"后来他的儿子包汴、孙子包柽芳都中了进士，还做了高官。

嘉善人支立，其父曾任县衙的刑房小吏。大牢里有一个囚犯因为被冤枉判了死罪，支老先生很可怜他，想要替他求情免死。那个囚犯知道这件事后，告诉他的妻子说："支先生的好意，我没法报答，觉得很惭愧。明天你请他到乡下来，你把身体献给他，他感念这个情份，或者会尽力，那么我就可能有活命的机会。"他的妻子哭着答应了。应囚犯妻子的邀请，支老先生到了乡下，囚犯的妻子出来劝他喝酒，并且把他丈夫的意思原原本本告诉了支老先生。支老先生坚决不同意。但他还是尽全力把这个案子平反了。后来囚犯出狱，夫妻两个人一起到支老先生家里叩头拜谢，说："您这样道德高尚的人，近些年实在是少见。现在您还没有儿子，我有一个女儿，愿意送给您做小妾。这在礼法上是行得通的。"支老先生答应了他，预备了聘礼，把这个囚犯的女儿迎娶为妾。后来小妾就生了支立，支立二十岁科举高中，官至翰林院的孔目。后来支立生了支高，支高生了支禄，都被保荐做学官。而支禄生的儿子支大纶考中了进士。

以上这十个故事，虽然每人所做的事各不相同，不过都是行善的一类。若是再精细地加以分类，那么做善事也有真有假，有直有曲，有阴有阳；有对有错，有偏有正，有半途而废有功德圆满，有大有小，有难有易。这种种分别，都应该仔细地辨别。若是做善事而不深究为什么做善事，自以为是地修行功德，持守正义，这不是在做善事，而是在造孽。这样做简直是白费苦心，没一点好处。

什么是行善的真与假？过去有几个读书人去拜见中峰和尚，问他："佛家讲善恶的报应就像影子跟着身体，人到哪里，影子也到哪里，永不分离。但现实中某人行善，他的子孙反而不兴旺；某人作恶，他的家族却十分兴盛，佛家的说法是没有根据的。"中峰和尚回答说："平常人被世俗的见解所蒙蔽，法眼未开，所以把真的善行反认为是恶的，真的恶行却认为是善的，这是常有的事。自己看不清，不怪自己是非颠倒，怎么反而抱怨上天报应错了呢？"他们辩解说："善就是善，恶就是恶，怎么会把善恶指认颠倒了呢？”中峰和尚便叫他们把自己所认为什么是善的、什么是恶的事情说出来。其中有一个人说：“骂人，打人是恶，尊敬别人、以礼相待是善。”中峰和尚回答说：“不一定是这样。”另一个人说：“贪财、去抢夺不属于自己的东西是恶，清正廉洁、有操守是善。”中峰和尚说：“不一定是这样。”那些读书人把各人平时所看到的种种善恶的行为都讲出来，但是中峰和尚都说不一定是这样。大家便请他解释一下原因。中峰和尚告诉他们：“做对别人有益的事情，是善；做对自己有益的事情，是恶。若是做的事情可以使别人得到益处，哪怕是骂人、打人，也都是善；而只做有益于自己的事情，那么就是尊敬别人、以礼相待，也都是恶。所以，人们行善，如果有利于他人，就是为公，为公就是真的；如果是为了自己的利益，就是为私，为私就是假的。另外，发自内心的行善是真的，只不过是照例做做就算了的是假的。不求任何回报的行善是真的，为了某一特定目的去行善就是假的。这些道理，都应该认真考察分辨。”

什么是行善的曲和直？现在的人看到貌似诚实、谨小慎微的人，都一概认为他们是好人，赞赏他们，而圣人却宁愿欣赏有志气但放纵、不遵守礼法的人。至于那些貌似诚实、谨小慎微却是无用的好人，虽然大家都喜欢他，但圣人却认为他们是伤害道德的“贼”。这样看来，世俗人所说的善恶观念，分明是和圣人相反的。从这个例子来推论，世俗的许多取舍，有很多都是错的。天地鬼神为善人降福报、给坏人降灾祸，都与圣人的看法是一样的，而不和世俗人一样。所以，凡是要积德行善的人，绝对不能只靠耳朵去听、眼睛去看，只能从心灵最深处默默洗涤那些不好的东西，不要让它们影响自己。如果是纯粹的救济世人之心，这就是直；如果稍微有一点哗众取宠之心，就是曲。如果完全是爱护他人之心，就是直；如果有一丝一毫愤世嫉俗之心，就是曲。如果纯粹是尊敬别人之心，就是直；如果有一丝玩世不恭之心，就是曲。这些都应该细细地去分辨。

什么是行善的阴与阳？凡是做善事希望被人知道，叫做阳善；做善事不希望别人知道，叫做阴德。有阴德的人，上天会赐予福报；有阳善的人，会享有世上的美名。享美名也是福报。但是爱名之人，天地都不喜欢。世上享有盛名却名不副实的人，常常会遭到飞来横祸。那些没有过错却无辜背负恶名的人，子孙后代常常会忽然发达起来。阴德和阳善的分别，真是细微得很。

什么是行善的是与非？春秋时鲁国的法律规定，凡是鲁国人在别的国家做奴仆、侍妾婢女被抓到官府，如果有人肯出钱把这些人赎出来，就可以向鲁国官府领取赏金。孔子的学生子贡到别国赎回鲁国人后，却不肯接受官府的赏金。孔子听到后很不高兴地说："这件事子贡做错了。圣人行事，目的是要去移风易俗，能够引导百姓接受教化，而不能只为一己畅快。现在鲁国富有的人少，穷苦的人多，子贡的做法暗示受了赏金就是贪财，那么谁肯受贪财之名而去赎人呢？恐怕从此以后，鲁国再不会有人向别国诸侯赎人了。”孔子的学生子路救了一个落水的人，那个人就送给子路一头牛作为答谢，子路接受了。孔子知道后很高兴地说：“从今以后，鲁国就会有很多人主动救落水的人。”用世俗的眼光来看，子贡不接受赏金是高尚，子路接受牛是贪财，不料孔子反而称赞子路而责备子贡。由此可知，要评价一个人所做的善事，不能只看眼前的效果，而要考虑这样做是不是会产生后续的弊端；不能只论一时的舆论，而是要讲究长时间的影响；不能只论个人的得失，而是要考虑它对天下大众的影响。即使某一行为现在看来是善，但后来的结果最终是对人有害的，那虽然像行善，实际不是；某一行为现在虽然看上去不像行善，但最终的结果是能够帮助别人，那虽然不像行善，实际却是行善。这只是就其中的一方面来讨论，其他比如有些事像是不义但实际却是有情有义的，有些事像是无礼但实际却是真正的讲礼义，有些事像是不诚信但其实是真正的诚信，有些事像是不慈爱但其实是真正的慈爱，对这些事情的判断都应当谨慎抉择。

什么是行善的偏与正？宰相吕文懿先生辞掉宰相之位回到家乡，因为他做官清廉公正，全国的人都敬仰他。有一位同乡醉酒后辱骂吕先生，但他并不计较，对自己的仆人说："这个人醉了，不要和他计较。"于是关上门不理他。过了一年，这个人犯了死罪入狱，吕先生才懊悔地说："如果当时同他计较，将他送到官府治罪，可以借小惩罚而收到大儆戒的效果，他就不至于犯下死罪。我当时只想心存厚道，哪知道反而纵容了他的恶习，以至于到了今天这个地步。"这就是虽然存心行善，但却做了恶事的例子。也有存了恶心，反倒做了善事的例子。过去有一家人很富，荒年的时候，穷人大白天在街上抢米，这个大富之家便告到县官那里，县里却置之不理，穷人因此胆子更大，愈加放肆横行了。于是这个大富之家就私底下把抢米的人抓起来，羞辱他们，那些抢米的人才安静下来，不再抢了。如果不是因为这样做，恐怕会酿成更大的祸端。所以说虽然做善事是正，做坏事是偏，这是大家都知道的，但是也有存善心反倒做了恶事的，就是正中偏；那些存恶心反倒做了善事的，是偏中正。这些道理不可不知。

什么是行善的半与满？《周易》上说：如果不积累善行，就不能成就好名声；如果不积累恶行，也不会有杀身之祸。《尚书》上说：商纣王的罪恶累累，就像一串铜钱穿得满满的。如果你很勤奋，天天去积累，那么总有一天会积满；如果懈怠不去积累，那就永远无法积满。这是关于行善半和满的一种说法。从前有一户人家的女儿到寺庙里去烧香，想要施舍银两，身上却只有两文钱，就全部拿来捐给寺里。寺里的主持竟然亲自替她在佛前忏悔，求灭罪。后来这位女子进了皇宫，大富大贵之后，便带了几千两银子来寺里布施。但这次主持却只是叫他的徒弟替她回向罢了。她因此问到：“我从前不过布施两文钱，师父就亲自替我忏悔。现在我布施了几千两银子，而师父不替我回向，不知是什么道理？”主持回答说：“从前布施的银子虽然少，但是你布施的心很虔诚，如果不是我老和尚亲自替你忏悔，便不足以报答你布施的功德。现在布施的钱虽然多，但是你布施的心不像从前那样真切，所以叫人代为回向就够了。”这就叫做几千两银子的布施，只算是半善；而两文钱的布施，却算是满善。汉朝人钟离把他炼丹的方法传给吕洞宾，于是吕洞宾便可以在铁上一点变成金子，可以拿来救济世上的穷人。吕洞宾问钟离：“铁变成了金，到底会不会再变回铁呢？”钟离回答说：“五百年以后，仍旧要变回原来的铁。”吕洞宾便说：“如果这样，就会害了五百年后的人，我不愿意做这样的事情。”钟离明白吕洞宾是真的存心善良，就对他说：“修仙要积满三千件功德，你这一句话，三千件功德就已经圆满了。”这是关于行善半和满的另一种说法。一个人做善事，而内心不可叨念，仿佛自己做了一件不得了的事，能够这样，那么不管你所做的善事大与小，都能够成功而且圆满。若是做了件善事，内心不忘自己做过这件善事，即使一生都很勤勉地做善事，也只不过是半善而已。譬如拿钱去帮助别人，要内心不考虑布施的我，在外不考虑受布施的人，中间不在意布施的财物，这才叫做三轮体空，也叫做一心清净，即使布施不过是一斗米，也可以种下无边无涯的福报；即使布施的只是一文钱，也可以消除一千劫所造的罪孽。如果内心不能够忘掉所做的善事，即便拿二十万两黄金去救济别人，还是不能够得到圆满的福报。这是关于行善半和满的又一种说法。

什么是行善的大与小？从前有一个叫卫仲达的人在翰林院里做官，有一次鬼卒把他的魂魄带到了阴间。阴间的判官吩咐手下的差役把记载他在阳间所做的善事、恶事两份册子呈上来。等册子送到一看，他做恶事的册子多得竟摊满了一院子，而做善事的册子只不过是像一支筷子那样小的卷轴罢了。判官又吩咐差役拿秤来秤秤看，却发现那摊满院子的册子反而比较轻，而像一支筷子那样小的卷轴反而比较重。卫仲达就问："我年纪还不到四十岁，怎么会犯了这么多的过失罪恶？"判官说："只要内心产生了一个邪念就是罪恶，不必等到你真的去犯。"卫仲达又问记载他行善的册子里记的是什么，判官说："皇帝有一次想要兴建大工程，修三山石桥，你上奏劝皇帝不要修，免得劳民伤财，这就是你的奏章底稿。"卫仲达说："我虽然上奏过，但是皇帝不听，还是动工了，最后我也没能阻止，这份奏章怎么还能有这么大的份量？"判官说："皇帝虽然没有听你的建议，但是你的这个善念是要使千万百姓免去劳役，已经功在万民了。假如皇帝听了你的劝谏，那么善的功德就更大了。”所以立志做有利于天下国家的善事，善事纵然小，功德却很大。假使只为自己考虑，哪怕善事很多，功德其实很小。

什么是行善的难与易？以前儒家先贤说过，克制自己的私欲，要从最难克服的地方开始。孔子在论述什么叫作仁的问题时也说“要先从难的地方下工夫”。就像江西的一位舒老先生，他在别人家教书，把两年仅得的薪水拿去帮助别人还清了欠官府的钱，从而保全了一对夫妻。还有像河北邯郸的张老先生，拿出十年辛辛苦苦攒下的积蓄替别人赎回妻儿，这都是将最难以割舍的东西施舍给别人。又像江苏镇江的靳老先生，虽然老来无子，但不忍心纳幼女为妾，怕耽误了她的青春，把女子送还给邻居，这是在最难忍的地方能克制住自己，所以上天也会为他们降下更多的福报。有钱有势的人要想行善积德，比平常人来得容易，容易却不肯做，那就是自暴自弃；没钱没势的穷人要积福报总是很困难，难却努力做到，这才真是可贵。

我们有机缘的话，就要努力做救济众人的事。救济众人的种类很多，简单来说，大约有十种：第一，与人为善；第二，爱、敬存心；第三，成人之美；第四，劝人为善；第五，救人危急；第六，兴建大利；第七，舍财作福；第八，护持正法；第九，敬重尊长；第十，爱惜物命。

什么是与人为善？舜在没做君主之前，在雷泽边看见年轻力壮的渔夫都到湖水深处去抓鱼，而那些年老体弱的渔夫只能在水流很急而且比较浅的地方抓。水流急，鱼停不住，浅滩水少，鱼也比较少，不比水深的地方，鱼都在那里游来游去，较容易抓。舜看见这种情形，很怜悯那些年老体弱的渔夫，便想了一个方法，自己跟着他们一起去打渔。看见那些喜欢抢夺的年轻渔夫，他从来不去讲他们的过失；看见那些谦让的年轻渔夫，便到处称赞他们，拿他们作榜样，鼓励其他人学习他们。就这样过了一年，大家就都把水深鱼多的地方让出来了。像舜那样聪明睿智的圣人，难道不能靠说几句中肯的话来教化众人吗？舜不用言语教化众人，而是以身作则来转变人们的思想行为，这正是圣人的良苦用心。我们处在这个社会风气败坏的时代，别人有不如自己的地方，不可以拿自己的长处去盖过别人；别人有不好的行为，不可以拿自己的善行与之相比；别人能力不及我，不可以用自己的能力来为难别人。自己纵然能干聪明，也要收敛，应该像并不聪明能干一样。看到别人有过失，尽量替他遮掩，一方面可以使他有改过自新的机会，另一方面可以使他有所顾忌而不敢放肆。看到别人有一点长处可取，有一点善事可以记录，都应该立刻放下成见去学习，并且对他大加赞扬。在日常生活中，不论讲一句话或是做一件事，都不可以只为自己的私心，而是要为社会树立榜样，这才是伟大人物一切从社会公义出发的度量。

什么叫作爱、敬存心呢？君子与小人从外表看上去常常容易混淆，分不出真假。不过二者的存心善恶却相差悬殊，如同黑和白一样截然相反。所以我们说君子之所以与常人不同，全在于他们的存心。君子所存的心，只有爱护人、尊敬人的心。人虽然有亲近疏远、尊贵低贱、聪明愚蠢、贤良与品行不佳的区别，特点也千差万别，但这些都是我们的同胞，都是和我们一样有生命、有血有肉、有感情的人，哪一个不该爱护、尊敬呢？爱护、尊敬众人，就是爱护、尊敬圣贤；能够与众人心灵相通，也就能与圣贤心灵相通。为什么呢？因为圣贤的志向，本来就是希望世界上的人都能安居乐业，平安快乐。我们对这些人都能爱护、尊敬，这样就可以使人人安定，等于我们代替圣贤使这个世界上的人平安快乐。

什么是成人之美？举例来说，若是把一块里面有玉的石头随便乱丢，那么这块有玉的石头也只不过和瓦片碎石一样，一文不值；若是把它好好地加以雕刻琢磨，那么这块石头就可以做成贵重的玉器，从而被珍视。所以只要看到别人做一件善事，或者是有人立志向上，而且资质足以造就，就应该好好地引导他，提拔他，使他成为社会的有用之材。或是夸赞他，激励他，扶持他，若是有人冤枉他，就替他辩解冤屈，替他分担无端的诽谤，务必使他能够立身社会，有所成就，而后才算是尽了我的心意。一般人大都厌恶那些与自己不合的人。一乡之中的人善良的少，不善良的多，所以善人处在世俗里常常被恶人欺负，很难立得住脚。况且英雄豪杰的性情大多是刚正不屈的，并且不注重礼法和规矩，所以很容易被世俗之人说长道短，随便批评。因此做善事反倒容易失败，好人也常常被人毁谤。只有靠仁人长者才能纠正那些邪恶的人，帮助那些行善的人，这样才能有更大的功德。

什么是劝人为善？人生在世上，谁没有良心呢？但是因为要辛辛苦苦追逐名利，又最容易沉迷堕落。因此，凡是与人相处，应该时常留心观察这个人，若是看他要堕落了，就应该随时随地提醒他，警告他，点拨他的迷惑。就好像看见人在长夜里做了一个浑浑噩噩的梦，一定要及时唤醒他；又好像看到一个人长久陷在烦恼里，一定要把他拉回到清凉自在的境界里来。像这样以恩待人，功德是最周遍广大的。韩愈曾经说过：“短时间规劝别人靠嘴，要能够千秋百代警醒世人就要用书。”劝人为善和与人为善相比，虽然较注重形式，但是这种对症下药的方法，时常会有特殊的效果，不能轻易舍弃。并且劝人也要劝得得当，可以劝却不去劝，不能劝却偏要劝，都不能取得好的效果，这时候应该反过来检讨自己是不是有足够的智慧。

什么是救人危急？处在危险而困难的境地，狼狈困顿的时候，在人的一生当中都是常有的。如果偶然遇到处于困境中的人，就应当像痛苦就在自己身上一样，尽快将他解救。

或是用话语帮他申辩明白，或是用各种方法救济他的困苦。崔子曾经说过："恩惠不在于大小，只要能在别人危急的时候帮助他就够了。"这正是仁德之人所说的话啊！

什么是兴建大利？小到一个乡村，大到一个城镇，凡是对大家有利的事情，都应该去做。或者是开辟水道灌溉农田，或是建筑堤坝预防水灾，或是修筑桥梁，使过路的人方便行走，或是施舍茶饭来帮助饥饿口渴的人，一有机会就要劝导大家，同心协力做有益大众的事，不要为了避嫌就不去做，也不要怕辛苦，不要因为担心别人嫉妒怨恨就推托不做。

什么是舍财作福？佛门讲的千千万万种善行，布施最为重要。讲到布施，其实就是一个"舍"字。真正明白这个道理的人，什么都肯舍。譬如在自己身上的眼睛、耳朵、鼻子、舌头、身体、念头六根，在自己身体之外的色、声、香、味、触、法六尘，都可以一概舍弃。如果做不到这样，就先从布施财物做起。世人靠衣食维持生命，都把穿衣吃饭看得像生命一样重要，所以将财物看得最重。如果能够痛痛快快地施舍财物，对内而言，可以破除自我小气的毛病；对外而言，又可以救人于危难之中。不过钱财不易看破，起初做起来难免会有一些勉强，只要舍惯了，心中自然安逸，也就没有什么舍不得了。这样做最容易消除自己的贪念私心，也可以除掉自己对钱财的执着与吝啬。

什么是护持正法？所谓法，是万世生灵的眼睛。但是法有正有邪，如果没有正法，如何能够参与谋划天地造化之功？拿什么培育万物？拿什么来挣脱尘世的束缚？拿什么来经营规划世上一切的事情，以达到超凡脱俗的境界？因此我们需要正法。所以凡是看到圣贤、佛家的寺庙、塑像、经书典籍，都应当敬重，并加以修缮整理。至于弘扬正法，报答佛祖引渡世人的恩德，尤其应当鼓励。

什么是敬重尊长？一家之中的父亲、兄长，一国之中的君王、长官，以及凡是年岁、道德、职位、见识高的人，都应该受到格外虔诚的服侍。在家里侍奉父母要有深爱父母的心，和颜悦色，柔声细气，这样不断地薰染，自然就会变成好性情，这就是和气可以感动上天的根本。在外侍奉君王，不论做什么事，不要以为君王不知道就胡作非为；惩办一个犯罪的人，不要以为君王不知道就作威作福，冤枉人。服侍君王，要像面对上天一样恭敬，这是古人的至理名言。这个方面和一个人的阴德最有关联。你们试看，凡是忠孝人家，他们的子孙没有不人丁兴旺而且兴隆昌盛的，所以在这方面一定要小心谨慎。

什么是爱惜物命？人之所以为人，就是因为他有恻隐之心。求仁的，就是求这一片恻隐之心；积德的，也是积这一片恻隐之心。周朝的礼法，每年早春的时候，正是牲口怀孕的时间，这时候祭祀用的牲口不能用母的，以防牲口肚里有胎儿。孟子说君子应当远离厨房，就是要保全自己的恻隐之心。所以，老一辈的人有四种肉不吃的禁忌，就是听到动物被杀的声音的不吃，看到宰杀过程的不吃，自己养大的不吃，专门为我杀的不吃。若要学习老一辈人的仁慈之心，却一下子做不到完全不吃，也应该依照老一辈的要求，先从这几条做起，直到完全不吃，这样慈悲之心就会越来越多。不但杀生应该戒，一切众生都是有灵性、有生命的，抽取蚕丝时要煮蚕茧，锄地的时候会不小心杀死地里的虫子。想想我们穿的衣服、吃的食物，都是以杀害别的生命取得的，所以糟蹋粮食、浪费东西的罪孽，也应该与杀生的罪孽相等。至于随手误伤的生命，脚下误踏而死的生命，又不知道有多少，这都应该要设法预防。古诗里说：恐怕老鼠找不到吃的饿死，所以为老鼠留些饭；哀怜飞蛾扑到灯上烫死，所以灯也不点。这是多么的仁厚慈悲呀！

善事无穷无尽，没办法细细罗列陈述。从上边说的十件事推广发扬开去，那么无数的功德都可以完备了。

谦德之效

《周易》上说：天之道，会损毁自满的，补足不自满的；地之道，会使自满的溢出，流向不自满的；鬼神之道，会降祸给自满的，而赐福给不自满的；人之道，讨厌自满的，而喜欢不自满的。《周易》六十四卦，唯有谦卦每一爻都是吉利的。《尚书》上也讲：自满，就会遭到损害；自谦，就会得到益处。我和朋友去参加科举考试，每次都看到贫寒的读书人快要发达的时候，脸上一定有谦和安详的光采流露出来，仿佛可以用手捧住的样子。

辛未年，我到京城参加会试，我们嘉善同乡一起去参加会试的大约有十个人，丁宾丁敬宇年纪最轻，而且非常谦虚，我告诉同去的费锦坡说："这位丁兄今年一定高中。"费锦坡问我："为什么这么说？"我回答："只有谦虚的人才能有福报。你看我们十人当中，有像敬宇一样温和而诚恳，一切事情不敢抢在人前的吗？有像敬宇一样恭恭敬敬，一切多肯顺受，小心谦逊的吗？有像敬宇一样受人侮辱而不反驳，听到人家毁谤也不争辩的吗？一个人能够做到这样，天地鬼神都会保佑他，岂有不发达的道理？"等到放榜，丁敬宇果然高中。

丁丑年在京城，我和冯开之先生住在一起，看见他总是虚怀若谷，神情庄重，完全改变了幼年时的性情。他有一位正直又诚实的诤友季霁岩，时常当面指责他的错处，只见他平心静气地接受朋友的责备，从来不反驳一句。我告诉他："一个人有福，一定有福的根源；有祸，也一定有祸的先兆。只要心能做到谦虚，上天一定会帮助他。老兄你今年必定能够高中。"后来冯开之果然高中了。

赵裕峰，名光远，山东冠县人，不满二十岁就中了举人，后来考进士却多次不中。他的父亲做嘉善县的三尹，裕峰随同父亲到嘉善上任。他非常仰慕嘉善名士钱明吾的学问，就带着自己的文章去见他。没成想钱先生竟然拿起笔来把他的文章全部涂掉了，全盘否定。赵裕峰不但不发火，并且心悦诚服，迅速改正了自己文章的问题。第二年，赵裕峰就高中进士。

壬辰年我入京觐见皇帝，遇见一位叫夏建所的读书人，看到他虚怀若谷，毫无一点骄傲的神气，谦虚的光采逼人。我回去告诉朋友说："凡是上天要使这个人发达，在没有给他降福的时候，一定要先开启他的智慧。智慧一经启发，浮躁的人自然变得沉稳，放肆的人自然知道收敛。夏建所这样温和善良，一定是上天开启了他的智慧。"等到会试发榜，夏建所果然高中进士。

江阴有一位读书人叫张畏岩，学问很深，文章也写得很好，在读书人中很有声望。甲午年参加南京乡试，他借住在一处寺院里。等到放榜，他却榜上无名，就大骂考官有眼无珠，看不出他文章的好。当时有一位道士在旁微笑，张畏岩就马上把怒火发泄在道士身上。道士说："你的文章一定不好。"张畏岩更加生气，说："你都没有看过我的文章，怎么知道我写得不好？"道士说："我常听人说，写文章最要紧的是心平气和，现在听你大骂考官，表示你的心不平和得厉害，你的文章怎么会好呢？”张畏岩听了道士的话，不由得心服口服，于是便转头向道士请教。道士说：“考中考不中全都是命，命里不该中，文章再好，也没什么用。一定要你自己改变改变。”张畏岩问：“既然是命中注定，又怎能改变？”道士说：“造命的权力虽然在天，改变命运的主动权却还是在我。只要你尽力去做善事，多积阴德，什么福报求不到？”张畏岩说：“我只是一个穷读书人，能做什么善事？”道士说：“行善事，积阴德，都是从心开始去做的。只要常常存有做善事、积阴德的心，功德就可以无量无边。况且像谦虚的品质，根本不需要花钱，你为什么不自我反省，反而要大骂考官不公平呢？”张畏岩听了道士的话，彻底改变了以往狂傲的态度，每天花时间做善事，功德越积越多。丁酉年，他梦到自己来到一处高大的房屋里，在里面看到一本考试录取的名册，中间有不少行还是空缺的。他看不懂，就问旁边的人，那人回答说：“这是今年考试录取的名册。”张畏岩问：“为什么名册缺了这么多行？”那个人回答说：“阴间对参加科举考试的人每三年考察一次。一定要做到积德行善，没有过失，这名册里才会有名字。像名册前面缺少的，都是原先本该考中的，但是因为他们最近犯了过失，所以被除名了。”后来那人又指着一行说：“你三年来很注意小心积德，或许能补上这个空缺，希望你珍重自爱，千万别犯错。”这次会考张畏岩果然考中了第一百零五名举人。

由此看来，头上三尺高的地方一定有神明在监察人的行为。求取福报，躲避凶险，全部是由自己决定的。只要我心存善念，约束一切不善的行为，丝毫不得罪天地鬼神，而且还虚心，肯迁就，使得天地鬼神一直眷顾哀怜我，才可以有承受福报的基础。那些满怀傲气的人，一定不是有才能、能担当大事的人，就算能发达，也不会长久地享受福报。稍有见识的人一定不会心胸狭窄，从而让自己本应得到的福报跑掉。况且谦虚的人才有地方可以接受教导，从而受益无穷，这尤其是尚在修习功德的人所不可或缺的。

古语说得好，有心求取功名的，一定可以得到功名；有心求取富贵的，一定可以得到富贵。一个人有远大的志向，就像树有根一样。人立定了伟大的志向，还必须念念不忘谦虚，就好比得到数不尽的帮助，自然会感动天地。所以说造福全在自己。像现在那些求取功名的人，当初哪有什么志向，不过是一时的心血来潮罢了。兴致来了就去求，兴致退了就放弃。孟子对齐宣王说：“大王喜好音乐若是到了极点，那么齐国的国运大概可以兴旺了。但是大王喜好音乐只是个人在追求快乐罢了，若是能把个人追求快乐的心推而广之，与民同乐，使百姓都快乐，那么齐国还有不兴旺的么？”我对待科举功名的态度也是这样。

朱柏庐先生治家格言 /明·朱用纯

录自清人黄自元手书《朱柏庐先生治家格言》

本文为明清之交著名学者朱用纯教子格言，文字通俗易懂，内容简明赅备，对仗工整，朗朗上口，问世以来，不胫而走，成为有清一代家喻户晓、脍炙人口的经典家训。清代的书法家杜就田、梁诗正、黄自元等都十分虔诚和认真地书写过《治家格言》，为本文的广泛传播起到了推动作用。本文即参照黄自元手书抄录。朱用纯，字致一，号柏庐，著名理学家、教育家。明时为诸生，入清后隐居教读，居乡教授学生，潜心治学，以程朱理学为本，提倡知行并进，躬行实践。

原文

黎明即起，洒扫庭除[①]，要内外整洁。

既昏便息[②]，关锁门户必亲自检点[③]。

一粥一饭，当思来处不易；半丝半缕，恒念物力维艰[④]。

宜未雨而绸缪[⑤]，毋临渴而掘井。

自奉必须俭约，宴客切勿留连[⑥]。

器具质[⑦]而洁，瓦缶[⑧]胜金玉；饮食约而精，园蔬愈珍羞[⑨]。

---

① 庭除：庭前阶下，庭院。

② 既昏便息：到了黄昏便要休息。

③ 检点：查看。

④ 物力维艰：一切财物都来之不易。

⑤ 绸缪：比喻事前做好准备。

⑥ 留连：留恋不愿离开。

⑦ 质：质朴。

⑧ 瓦缶：陶土烧制、小口大腹的瓦器。

⑨ 园蔬愈珍羞：自己园里种的蔬菜，胜过山珍海味。

勿营华屋，勿谋良田。

三姑六婆[1]，实淫盗[2]之媒；婢美妾娇，非闺房之福。

童仆[3]勿用俊美，妻妾切忌艳妆。

祖宗虽远，祭祀不可不诚；子孙虽愚，经书不可不读。

居身务期质朴，教子要有义方[4]。

勿贪意外之财，勿饮过量之酒。

与肩挑[5]贸易，毋占便宜；见贫苦亲邻，须加温恤[6]。

刻薄成家[7]，理无久享；伦常乖舛[8]，立见消亡。

兄弟叔侄，须分多润寡；长幼内外，宜法肃辞严[9]。

听妇言，乖骨肉[10]，岂是丈夫；重赀财[11]，薄父母，不成人子。

嫁女择佳婿，无索重聘；娶媳求淑女，勿计厚奁[12]。

---

① 三姑六婆：古代女性的几种职业：尼姑、道姑、卦姑、牙婆、媒婆、师婆、虔婆、药婆、稳婆。

② 淫盗：奸淫偷盗。

③ 童仆：家中侍候主人的孩童和仆人。

④ 义方：行事应该遵守的规范和道理。

⑤ 肩挑：本为挑担，亦借指工役。

⑥ 温恤：体贴抚慰。

⑦ 刻薄成家：用残忍刻薄的手段发家致富。

⑧ 伦常乖舛：行事违背伦常。

⑨ 法肃辞严：规矩要严肃，言语要庄重。

⑩ 乖骨肉：伤害骨肉之情。

⑪ 赀财：钱财，财物。

⑫ 厚奁：丰厚的嫁妆。

见富贵而生谄容[①]者，最可耻；遇贫穷而作骄态者，贱莫甚。

居家戒争讼[②]，讼则终凶；处世戒多言，言多必失。

毋恃势力而凌逼[③]孤寡，毋贪口腹[④]而恣杀生禽。

乖僻自是[⑤]，悔误必多；颓堕自甘[⑥]，家道[⑦]难成。

狎昵恶少[⑧]，久必受其累；屈志老成[⑨]，急则可相依。

轻听发言，安知非人之谮诉[⑩]？当忍耐三思。因事相争，焉知非己之不是？须平心暗想。

施惠无念，受恩莫忘。

凡事当留余地，得意不宜再往。

人有喜庆，不可生妒嫉心；人有祸患，不可生喜幸[⑪]心。

善欲人见，不是真善；恶恐人知，便是大恶。

---

① 谄容：谄媚的表情。

② 争讼：因争执而诉讼。

③ 凌逼：侵凌逼迫。

④ 口腹：饮食，吃喝。

⑤ 乖僻自是：性格古怪，自以为是。

⑥ 颓堕自甘：颓废懒惰，沉溺不醒悟。

⑦ 家道：家业，家境。

⑧ 狎昵恶少：亲近品行恶劣的纨绔子弟。

⑨ 屈志老成：虚心与那些阅历多而善于处事的人交往。

⑩ 谮诉：诋毁攻击。

⑪ 喜幸：幸灾乐祸。

见色而起淫心，报在妻女；匿怨而用暗箭[①]，祸延子孙。

家门和顺，虽饔飧不继[②]，亦有余欢[③]；国课早完，即囊橐无余，自得至乐[④]。

读书志在圣贤，为官心存君国。

守分安命，顺时听天。

为人若此，庶乎近焉[⑤]。

---

① 匿怨而用暗箭：对人怀恨在心而不表现出来，暗中报复别人。

② 饔飧不继：吃了上顿没下顿。形容生活十分穷困。饔，早饭。飧，晚饭。

③ 余欢：充分的欢乐。

④ 国课早完，即囊橐无余，自得至乐：尽快缴完国家规定的赋税，即使口袋所剩无几，依然能得到无比的快乐。

⑤ 庶乎近焉：差不多可以接近圣贤的境界了。

译文

天刚亮就起床，打扫庭院，不论室内、室外都要整齐洁净。

天黑了就休息，不要在外面逗留。晚上睡觉前关好门窗，一定要亲自检查。

不论是一口粥或是一粒饭，都要想到它得来很不容易，粒粒都是农夫辛勤耕耘的结果。纵然是半丝半缕的布匹，也要常常想到它织造的艰难。

凡事应该事先做好准备，不要等到要下雨了才想到要修补遮挡风雨的门窗，等到口渴了才想到要挖井取水。

至于自己日常生活所需，应力求节俭朴素，宴请宾客结束了就回家，千万不要沉迷在宴席热闹的气氛中舍不得离去。

日常使用的餐具只要质朴干净就可以了，普通的瓦罐、碗盘，比金、玉制成的器皿更实用。吃饭要少而精，自家菜园里种植的蔬菜，比珍稀名贵的佳肴更养人。

不要盖华丽的豪宅，不要图谋肥沃的土地。

有好说是非、喜欢挑拨离间的三姑六婆，淫乱偷盗等恶行必然多；婢女美丽侍妾妖艳，家门必多是非，这并不是主人的福气。

奴婢仆人不要选外貌俊美的，妻子和小妾不能浓妆艳抹，容易争风吃醋。

祖宗虽然离开我们很长时间了，也应该饮水思源，常念祖宗之德，逢年过节祭祀时一定要虔诚恭敬；子孙即使再愚笨，也不能不教导他们读圣贤书。

为人处世一定要节俭朴素，教育子女一定要因材施教，使用适当的方法。

不要贪图意外得来的钱财，饮酒要有节制，不可过量。

与肩挑货物的小贩交易，应当体恤他们靠体力谋生不易，不要斤斤计较，贪小便宜。看见生活穷苦的亲戚邻居，一定要温和地给予关怀和照顾。

用残忍刻薄的手段发家致富的，不可能享受长久，早晚要败家。不讲伦常道德的家庭，很快就会灭亡。

兄弟叔侄等至亲，富有的一定要接济穷困的。长幼有序，内外有别，家规须严谨分明，执行时言辞要严厉，不容辩驳。

听信不明理的妻子所说的话，造成父子、兄弟之间失和，不是大丈夫应有的行为。过分爱惜钱财，亏待父母，就是不孝，没有资格做别人的儿子。

选女婿要注重品德，不要只顾索取丰厚的聘礼；娶媳妇应该找贤良淑德的女子，不要计较嫁妆多少。

见到有钱有势的人就巴结奉承，最为可耻；遇到没钱没势的人就摆出骄傲看不起的样子，这种行为最低贱。

在乡里要避免与人争执打官司，一旦打官司就会劳民伤财、伤和气，没有好结果。待人处事应该少说话，说多了，言者无心，听者有意，容易闹矛盾。

不要倚仗权势欺凌孤儿寡妇，不要因为贪吃而任意屠杀牲畜。

性情孤僻不合群，还自以为是，因为犯错误而后悔的事必定很多；颓废消沉而自甘堕落的人，难以成就家业。

喜欢亲近纨绔子弟，日子久了，必定受连累；与老成持重、能够约束自己的人做朋友，遇到急难时就可以依靠他的指导与帮助。

轻易听信他人的闲话，你又怎么知道不是对方藉机诬陷，挑拨离间？应当耐着性子再三思量，以明辨是非善恶。因事和别人争执，怎么知道不是自己的错？一定要平心静气地想清楚，不要意气用事。

帮助别人的事不要记在心里，接受别人的恩惠不能忘。

凡事不要做过头，适可而止。得意之时要懂得谦让，不可以恋恋不舍。

人家有喜事应该诚心祝福，不可以嫉妒；人家遭遇不幸应当同情怜悯，不可以幸灾乐祸。

做善事希望人家看见，不是真善；做坏事怕人家知道，就是大恶。

见到美色就起奸淫的念头，要小心自己的妻女遭到同样的报应。把怨恨藏在内心，外表装作若无其事却暗中害人，是最损阴德的事，灾祸将会连累到子孙。

只要一家人能够和睦相处，虽然吃了上顿没下顿，也觉得幸福。该缴纳给国家的赋税早点交上去，即使口袋所剩无几，也自然会心安理得，欢喜自在。

读书的目的在于向圣贤学习，做官就要想着替国家和君主分忧。

谨守本分，安于命运不妄求，一切顺应天意时势。做人能够做到这样，差不多就可以接近圣贤的境界了。

于清端公治家规范 / 清 · 于成龙

录自《得一录》

本文为清朝康熙皇帝赞为“今时清官第一”的清朝政治家于成龙所作家训，收入清人余治编写的《得一录》。于成龙，字北溟，号于山，明末清初人，在顺治年间入仕，康熙年间曾官至巡抚、总督、兵部尚书等，他为人正直，以卓著的政绩和廉洁自律闻名于世，深得百姓爱戴。

原文

《传》[①]曰：君子不出家[②]，而成教于国。则是家有教也。正惟一家有教，一国观感[③]，相习成风，而仁让[④]兴焉矣。故居今日而欲陋习丕变[⑤]，当自士大夫之家倡之。为作家训，以示后人云。

孝为百行[⑥]之原。父母生儿，能有几个身显荣亲[⑦]的？就是力田[⑧]贸易、肩挑负贩者[⑨]，皆可随分[⑩]以养亲。但要把父

① 《传》：此即《大学》。
② 出家：离开家门。
③ 观感：耳濡目染，因而被感化。
④ 仁让：仁爱谦让。
⑤ 丕变：大变。
⑥ 百行：各种好的品行。
⑦ 荣亲：旧指登科及第，使父母光荣。
⑧ 力田：努力耕田。亦泛指勤于农事。
⑨ 肩挑负贩者：担货贩卖的小商贩。
⑩ 随分：依据本性，按照本分。

母时时刻刻放在心里，时时刻刻顶在头上。读书明理者以养志[①]为先，愚夫俗子亦勉力养其口体，依依膝下[②]，始终孺慕[③]第一。不可听妻子之言。如有不孝，族人公罚。

弟兄形虽有二，遡源[④]于父母之身，究竟还是一个人。若弟兄仇敌，只为看做两个，所以参商[⑤]。我今立训，同爨[⑥]者宜一室和气，若是分居，亦要彼此联属[⑦]。为兄者当爱，为弟者当敬。患难相恤，贫富相顾[⑧]，不肖相劝。勿听妻子之言，而伤手足之情。如有不遵者，朝廷法律具在，莫贻后悔。

族中之人，皆吾祖宗一脉。譬如树之有干，毕竟落叶归根。彼族中老幼，奈何其不睦乎？今人见族中之富贵者，羡为荣耀；见族中之贫寒者，多生厌恶。此种心肠，岂可以对祖宗？我今立训，凡系族人，不分枝派远近，不论人品贵贱，俱照长幼执礼。倘敢高下异视，照不睦条议罚。

---

① 养志：培养远大的志向。

② 依依膝下：留恋在父母身边。膝下，父母的身边。

③ 孺慕：幼童爱慕父母之情。出自《礼记 · 檀弓下》："有子与子游立，见孺子慕者。"

④ 遡源：回溯至本源。

⑤ 参商：参星与商星。两星不同时在天空出现，因以比喻亲友分隔两地不得相见，也比喻人与人感情不和睦。

⑥ 同爨：同灶做饭。指没分家。

⑦ 联属：联系。

⑧ 顾：照顾，关怀。

士农工商，各执一业。子弟十二三岁时，贤愚已定。贤者做向上事，愚者亦别令其执一艺，庶不致闲旷[①]其身。到了长成，还可以赡养[②]妻子。若一姑息，或听其暴弃[③]，鲜不贻后日之悔也。

族人不知读书之乐，侥幸博一青衫[④]，自以为万事皆足。至于科第一节，皆诿[⑤]之于阖郡风水。不知发过先达[⑥]，尽系读书之人，岂风水之说？独不应于我辈乎？愿我家子弟破除积习。做童生，下一番苦功，望进学；做秀才，下一番苦功，望中举。即使数命不偶[⑦]，艰于遇合[⑧]，道理明透，亦不被人目为不通。

四民[⑨]之首曰士，原期读书明道，较愚人迥[⑩]出一头，故称之曰“秀才”。岂知一做秀才，惹祸招灾，总从一念之放肆起。我愿子弟小心敬畏，虽进学，与平人[⑪]无异，埋头读书。

---

① 闲旷：清闲无事。

② 赡养：供给生活所需。

③ 暴弃：糟蹋，自暴自弃。

④ 青衫：古时学子所穿之服，代指书生。

⑤ 诿：推托，把责任推给别人。

⑥ 先达：有德行学问的前辈。

⑦ 数命不偶：命运不好。

⑧ 艰于遇合：没能碰到赏识自己的人，或者不能互相投合。

⑨ 四民：古代对平民职业的基本分工，即士、农、工、商。

⑩ 迥：高。

⑪ 平人：平民，百姓。

设有非礼之来，当以理遣[①]。如果有干身家，始许理论。切勿呼朋引类，做出非为[②]的事来，那时悔之晚矣。

士子幸而上达[③]，身虽贵显[④]，居家切要勤俭，不可奢靡。待人务宜谦光，不可骄傲。

有田之家，率其佃仆[⑤]及时耕种，及时耘耨[⑥]，宁先时，毋后时。仍不时亲身董率[⑦]，勿自家懒惰，委之家人。

种田不离田头，深耕易耨[⑧]是其本分。勤得一分，多得一分之利。仍要积聚粪灰，地肥则苗盛。于农暇之时，就想到来岁耕耘之时，有当备用之物乘闲置办。虽遇丰年，所获纵多，亦不可浪费。少留储蓄，以备凶荒。田有隙地[⑨]，必种瓜、菜之类。畜养猪、鸡，以补不足。

朝廷钱粮，依期封纳[⑩]，不可拖延，为里中顽民[⑪]。

---

① 理遣：从事理上宽解。

② 非为：不顾法纪。

③ 上达：上进，向上发展。

④ 贵显：居高位而显扬于世。

⑤ 佃仆：旧时向官僚大姓租田耕种并供役使的佃户。

⑥ 耘耨：耕耘。

⑦ 董率：统率，领导。

⑧ 深耕易耨：深耕细做，及时除草。泛指精心耕种。

⑨ 隙地：中间空着的小地块。

⑩ 封纳：缴纳。

⑪ 顽民：冥顽不灵的百姓。

生意之人，或开店，或行商[①]，俱要早起晚睡，不可偷安。语云：不将辛苦意，难取世间财。

居家要俭，当念钱财非易，衣服饮食惟期适口充身，不可浪费。吾永宁地土硗瘠[②]，而天时又亢涝靡定[③]，少有所蓄，庶[④]可以备荒年。

驭仆婢，体恤劳苦，轸念[⑤]饥寒。不可近狎[⑥]，亦不宜疏远。临之以庄，驭之以礼[⑦]，至要至要。贵显之后，乡党之间禁其放肆，则又宁严毋宽也。

结亲惟取门当户对，不可攀高，亦不可就下。司马温公曰“嫁女胜吾家，娶妇不若吾家”二语，切记切记。女夫、儿妇[⑧]，俱要一一访实。如仪容、恶疾[⑨]之类，慎之于始。不可以一言之合，辄将儿女轻许。至于聘财妆奁[⑩]，但当量其家计大小，不可过费，恐伤元气。

---

① 行商：外出经营的流动商人。

② 硗瘠：土地坚硬瘠薄。

③ 亢涝靡定：旱涝无常。

④ 庶：或许。

⑤ 轸念：顾念，考虑。

⑥ 近狎：过于亲近而不庄重。

⑦ 临之以庄，驭之以礼：用庄重的态度对待他们，按照礼义的要求使用他们。

⑧ 女夫、儿妇：女婿、儿媳妇。

⑨ 恶疾：痛苦难治、令人厌恶的疾病。

⑩ 聘财妆奁：聘礼和嫁妆。

丧葬俱按《文公家礼》[1]行。父母年至六十，则衣衾[2]棺木之类俱当及时置办。

祭祀祖先，或时祭[3]，或忌日，牲、醴[4]、汤、饭、纸钱量力设备。男、妇依序行礼，不可疏略。

夫妇之间，当思一“敬”字。梁鸿、孟光之举案齐眉[5]，千古称为美谈，敬而已矣。如今夫妻反目不和，只为太狎。太狎则不敬，不敬则变生莫测矣。是故居室之间当如宾客，自然刑于之化[6]以起，门内之和以生。至于彼此骂詈，辱及其身，则又祖宗之罪人也，岂足语于人道[7]乎？倘有小家女，不敬祖先，不尊丈夫，敢用污言詈夫，并辱宗祖者，以不孝律出[8]之。

凡年至四十无子，方许置妾。嫡妻[9]不得妒忌。如不遵此

① 《文公家礼》：朱熹所撰，又称《朱子家礼》。

② 衣衾：指装殓死者的衣服与单被。

③ 时祭：四时的祭祀。

④ 醴：甜酒。

⑤ 举案齐眉：送饭时把托盘举得跟眉毛一样高。后形容夫妻互相尊敬、十分恩爱。出自《后汉书·梁鸿传》：“为人赁舂，每归，妻为具食，不敢于鸿前仰视，举案齐眉。”

⑥ 刑于之化：夫妇和睦的教化。

⑦ 人道：为人之道。指一定社会中要求人们遵循的道德规范。

⑧ 出：休。

⑨ 嫡妻：正室。

训，照七出[①]条出之。其夫亦不得纵妾凌妻[②]，犯者合族公罚。

贵显之家，有故交寒士[③]在座，觉得另有一番韵致。若有骨鲠之士[④]、文学之人在座，则愈显其休容[⑤]之度矣。子弟贵显者，切莫疏慢士类[⑥]。

人家生儿子，自然是聪明者佳。但聪明人每多刻薄，则暗中亏折了许多福分。常见尖颖[⑦]之人，终于落薄[⑧]；庸庸[⑨]之人，反享厚福。一系聪明发泄已尽，一系天机浑含不露，所以受用各有不同。我劝聪明子弟以宽厚宅心[⑩]，庶可邀[⑪]和平之福。

子弟将成人之时，性情易扰[⑫]，不许结交淫朋浪友。如与不端之人往来，为父兄者急早禁绝，以防其渐。

子弟年幼，早晚不时稽查，不许远离膝下。即从师在学，

① 七出：古代社会丈夫遗弃妻子的七种条款，即不顺父母、无子、淫僻、善妒、恶疾、多口舌、窃盗。
② 纵妾凌妻：纵容妾室欺负正室。
③ 寒士：出身低微的读书人。
④ 骨鲠之士：忠正刚直的人。
⑤ 休容：宽容，气量大。
⑥ 士类：文人、士大夫的总称。
⑦ 尖颖：天资聪颖。
⑧ 落薄：落魄。
⑨ 庸庸：平庸。
⑩ 宅心：存于心中。
⑪ 邀：取得，希求。
⑫ 扰：烦乱。

亦必访察功课。倘有旷业之日，则根究踪迹，大加振刷，勿事姑息。

子弟居室[①]，早则十八岁，迟则二十岁，切不可再早。恐元气未壮，致成虚怯[②]。

子弟家居，饮食、动作俱教以规矩；事上接下，俱教以礼数，勿致放荡。恐久久[③]便成狂妄。

子弟出外，必禀命于父兄，反必面[④]。妇女外出，必禀命于公姑[⑤]，反必面。不许擅自出入。

人家子女到五六岁时，男则从师。颖悟者望其上进，愚鲁者束其身心，不致将来有佻达[⑥]之虞。从小姑息，长大废弃，皆为父者贻之也。孔子曰："爱之，能勿劳乎？"女孩儿即教其纺绩[⑦]，再长则教其针黹[⑧]，仍约束其骄傲之性。妇主中馈[⑨]，为母者亦须教导。务要早起晚睡，不可令其懒惰；头足修饰，不可令其坏塌；语言谨慎，不可令其纵肆；行止端

---

① 居室：指夫妇同居。

② 虚怯：虚劳心悸。

③ 久久：经过相当长的时间。

④ 面：见面。

⑤ 公姑：丈夫的父母，亦称公婆。

⑥ 佻达：轻薄放荡，轻浮。

⑦ 纺绩：把丝、麻等纤维纺成纱或线。

⑧ 针黹：针线活。

⑨ 中馈：家中供膳诸事。

庄，不可令其轻浮。若纵而不教，一到夫家，不成材料，不执妇道，牵惹辱罚，皆为母者贻之也。子女所关匪细，为父母者慎之。

闺门要严肃[①]。虽系中表[②]至戚，务要男女有别，远嫌别疑。不可同席而食，同坐而语。宅中分别内外，昏夜之间，女不出，男不入。女子有事，夜行以烛。男子年交十六，早晚非奉呼唤不许擅入内宅。

妇女不许入寺观烧香拜会，惟在家念佛持素[③]不禁。

妇女惟正事出外用金珠[④]服饰，在家则家常服饰，不得乔妆[⑤]艳服。

妇女不幸而夫早殀[⑥]，应该守节为是。其或青春年少，不能终节者，不妨善言尽伊父母，令其改适[⑦]，以免意外之诮[⑧]。

致富由勤，人尽知之。我谓“公道”二字，乃致富之要

---

① 严肃：严谨而有法度。

② 中表：指与祖父、父亲姐妹的子女之间的亲戚关系，或与祖母、母亲兄弟姐妹的子女之间的亲戚关系。

③ 持素：遵行戒律不吃荤腥。

④ 金珠：金银珠宝。

⑤ 乔妆：打扮，装扮。

⑥ 早殀：早死。

⑦ 改适：改嫁。

⑧ 诮：责备。

诀。常见世人欺慢愚人，巧诈取财，或戥秤升斗[1]出入各别，也有赚钱起家的。究竟巧里来，拙里去；明里来，暗里去。盖由此心一欺，必干天谴[2]，终成无益。何如任天由命，永保福基。故我谓“公道”二字，其致富在“勤”字之上。

富贵是命里带来的，自不必说。然亦非铁汁熔成的。天道恶盈，若无德以迓[3]之，恐转而消折[4]矣。

钱财盈丰，千仓万箱，不过属你管辖，不可看作万年不拔之基。若遇好事不做，遇贫难不施，不过一守财虏[5]耳。或者博施济众[6]，上天鉴之，必永享富厚也。

居心不可刻薄。天地长养[7]万物，只是一个“仁”。仁则并包无外，今人当处处以仁存心，所见、所行、所言自无暴戾之习，纯是一团蔼然和气，福慧[8]油然而生。为子孙不知存了多少地步，自家哪里觉得。

立身贵高。高非高傲之高，只是不可把自家的身子卑了，

---

① 戥秤升斗：计量重量和体积的器具。戥，一种小型的秤，用来称金、银、药品等分量小的东西。

② 干天谴：招致上天的谴责。

③ 迓：匹配。

④ 消折：因使用或受损失、受挫折而逐渐减少下来。

⑤ 守财虏：守财奴。

⑥ 博施济众：广施恩惠，拯救众民。

⑦ 长养：抚养培育。

⑧ 福慧：福气和智慧。

同流合污是也。须要看得自己身子重，自然非礼不为，视一班苟贱趋奉[①]者如坐泥涂[②]，我之身岂不抬高几十层乎？

人贵立志。志非大言不惭之谓也，乃念念[③]向上一等做去。譬如我志在富，则当勤俭以致之。所趋者在哪一等，自然所得者即在哪一等。所谓“有志者事竟成”也。

莫谓神明当敬也，敬神明不如敬心；莫谓此心可欺也，欺此心即是欺天。心存正直，天知神敬；心存欺诈，鬼祸灾生。从古欺心做坏人者，曾有几个到头？

世间当行与不当行者，善、恶两途。天之福人与祸人者，亦善恶两途。勿谓些小之善不足纪[④]，善念一生，天必降之福；勿谓些小之恶无足畏，恶念一生，天必降之灾。二者不分大小，只在人举念间耳。《太上感应篇》[⑤]注得分明。

不可结怨于人。人之最难忘者，感恩、积恨二端。施恩于人尚有忘者，积恨于人则透入骨髓，未有不思报者。所以吾人处世当存一宽大之念，不独驭事留其有余，就是言语之间，也不可过锐。我出于一时之无心，而人竟积为终身之怨

---

① 苟贱趋奉：卑鄙下贱，奉承讨好。

② 泥涂：污泥，淤泥。比喻卑下的地位。

③ 念念：一心一意。

④ 纪：记录，记载。

⑤《太上感应篇》：道教的经典著作之一，旨在劝善，简称《感应篇》，作者不详，内容融合了较多的传统民族思想，树立了人在世上的正确形象，许多内容至今仍然具有积极意义。

阶[1]矣。

凡事不可做尽。人力不逮[2]于我，我不可穷人之力。人势不及于我，我不可使尽其势。即言语之间，不妨让人一句。略得便宜，抽身便转，讨了许多受用。

人终身体认一个“忍”字。小不忍，则乱大谋。忍得一分，受用一分。父子不忍，则乖天伦；兄弟不忍，则成吴越；夫妻不忍，则鱼水反目；朋友不忍，则气谊[3]参商；居家不忍，则乖气致戾[4]；世情不忍，则变起仇敌，甚而一言不合，戈矛顿起。人命反掌[5]，悔焉莫及。不忍之害大矣，可不慎诸？

以上四十二条，皆我亲身阅历，件件有著。凡我后人，勿谓其迂远[6]而忽之也。

---

① 怨阶：怨恨的导火索。

② 逮：比得上。

③ 气谊：义气情谊。

④ 乖气致戾：不和招致灾祸。

⑤ 反掌：转瞬，喻时间之短暂。

⑥ 迂远：迂阔，不切实际。

译文

《大学》里讲，君子不出家门就能影响一个国家的教化。正是因为首先改变了一个家庭的风气。因为一个家庭有良好的风气，一个国家的人耳濡目染因而被感化，互相学习之后形成良好的社会风气，那么仁爱谦让才会大行其道。所以活在当今世上，想改变社会的不良风气，自然应该从身份显贵的士大夫家庭开始做起，从而影响全社会。因此我写了这篇家训，告诉后人应该怎样做。

孝顺是各种善行的根源。父母生下的子女，能有几个出人头地、光宗耀祖的？即便是靠耕田、做小买卖为生的人，都应该在自己能力范围内尽力奉养双亲，只需要时时刻刻把父母放在心上，时时刻刻在心里尊敬父母。读书明白事理的人以树立远大的志向为第一要务，而普通百姓只能努力养家糊口，但他们都曾经有过依恋在父母身边的日子，子女爱慕父母之情始终是第一位的。不要一味听信妻子儿女的话。如果有不孝的行为，要当着整个家族的面公开惩罚。

兄弟虽然是两个人，但都是一母同胞，和一个人没什么分别。如果兄弟两个势成水火，只是因为两个人不一条心，所以才会不和睦。我现在立下家训，只要在同一口锅里吃饭的亲人，一定要满门和气，即便分了家，也要彼此联系，互帮互助。当兄长的要爱护弟弟，当弟弟的要尊敬兄长。有困难的时候互相扶助，有钱没钱的都要互相关怀，如果有人不争气，兄弟一定要劝诫。不要因为一味听从妻子儿女的话，伤了兄弟之情。如果有不听我训诫的，朝廷也会有法律约束，不要将来后悔。

同族的人，都是我们共同祖先留下的血脉。就好像树叶长在树干上，但总有一天要叶落归根。同宗的父老，为什么会不和睦呢？现在的人见到家族中有人富贵发达了，大多非常羡慕，认为这是家族的荣耀；见到家族中有人贫穷落魄，大多都很讨厌他。这样嫌贫爱富，怎么对得起祖宗？我现在立下家训，凡是同族之人，不论分支远近，不论人品贵贱，一律按照长幼的次序见礼。如果有人敢嫌贫爱富，一律按照和同宗之人不合进行惩罚。

士、农、工、商，都是一份职业。年轻人到了十二三岁的时候，是否聪明贤能就已经定型了。贤能的力求上进，不那么聪明的就让他学一门手艺傍身，才不至于无事可做，游手好闲，到了长大之后，也可以养妻活儿。如果一味纵容，或者任凭他自暴自弃，少有后来不后悔的。

同族之人有不明白读书乐趣的，如果侥幸做了读书人，就认为一切都满足了。至于能否科举高中，都把它交给整郡的风水来决定。他们怎么知道，要出德才兼备的人才全靠读书，和风水有什么关系？祖坟的风水都是一样的，为什么单单我们这个小家不出人才？希望我们家的后人能够舍弃这样的旧风气。没有功名的时候，读书要下一番苦功，希望早点中秀才；中了秀才之后，读书要再下一番苦功，希望高中举人。即便命运不好，没能碰到赏识自己的人，或者不能互相投合，只要能做到通情达理，也就不会被人小看，认为你不通人情世故。

士、农、工、商四种职业，第一个就是士，本来是期望读书能明白道理，比蠢人高出一头，所以称之为“秀才”。怎么知道一旦做了秀才，反而惹祸招灾，这一切都是因为从心里自我放纵。我希望我的子孙后代能够小心谨慎，敬畏上天神明，即使进学读书，也要做到和普通人没什么不同，一心只知道埋头读书。倘若别人对你无礼，应该跟他讲道理。如果事关身家性命，才允许跟他争论。千万不要招引同伙，做一些非法的勾当，到那时后悔就晚了。

读书人如果幸运进入仕途，即便身居高位而显扬于世，千万记住一定要勤俭持家，不能奢侈浪费。待人一定要谦虚，不能骄傲。

如果家里有田地，要亲自带着佃户及时耕种，及时除草翻土，宁愿抢在农时前头，千万不能误了农时。仍然要经常亲自带领，不要自己懒惰，只把这些事情交给家人去办。

种田一定要经常呆在田地里，深耕细做、及时除草是本分。勤劳一点，便能得到应有的回报。仍然要积攒肥料，土地肥沃禾苗才能长得好。农闲的时候，要想到明年种地的事情，趁农闲置办必要的耕种工具。即使年景比较好，收获比较多，也不能浪费。要留出一定的积蓄，为将来年景不好的时候做准备。田地中如果还有空闲的土地，要种些瓜果蔬菜。要养猪、鸡等家禽家畜，用来补充粮食的不足。

朝廷要求缴纳的钱粮赋税，一定要按期缴纳，不能拖延，不做冥顽不灵的刁民。

做生意，或者开店，或者是外出流动经商，都要早起晚睡，不能贪图安逸。古语说得好，没有辛苦的劳作，哪来丰厚的家财。

持家要节俭，一定要常想着钱财赚来不容易，穿衣吃饭只要穿暖吃饱就可以了，不要浪费。我们永宁的土地坚硬瘠薄，并且气候又旱涝不定，只有注重积蓄，才能顺利度过饥荒的年份。

使用仆人婢女，要体恤他们的辛苦，时常挂念他们的温饱。不要过于亲近而不庄重，也不应过分疏远。用庄重的态度对待他们，按照礼义的要求使用他们，切记切记。作为权贵之家的后人，在乡亲面前严禁放纵，对他们的要求宁愿失之严苛，也不能放纵。

找亲家一定要门当户对，不要高攀，也不能低就。宋代司马光讲的“嫁女儿要找比我们家强的，娶儿媳妇要找不如我们家的”两句，切记切记。女婿、儿媳妇都要一一查访，务必了解准确。像容貌、难以治愈的疾病等，在结婚之前一定要打听清楚。不能够随便许诺，轻易将儿女许配给别人。至于聘礼和嫁妆，只需考虑其家里经济状况，不要过分奢侈，恐怕伤了家里元气。

丧葬礼节一切遵照朱熹的《文公家礼》。父母年龄一旦过了六十岁，那寿衣棺木等都应当及时置办。

祭祀祖先的时候，或者是四时的祭祀，或者是祖先的忌日，祭祀用的牲畜、甜酒、汤、饭、纸钱要根据自己的财力量力而行。男子、夫人按次序行礼，不能疏忽简略。

夫妇之间，要讲求一个“敬”字。东汉梁鸿的妻子孟光给丈夫送上饭菜的时候要把案子举到和自己的眉毛一样高，以示尊敬，传为千古美谈，其中最重要的就是敬。现在夫妻不和，主要是因为太过亲近不庄重。太过亲近就不会互相尊敬，不能互相尊敬就会生出很多意外来。所以夫妻在家里相处要像宾客一样，夫妇自然和睦，家门就会有和睦的风气。至于那些互相责骂，人身攻击，实在是祖先的罪人，怎么好意思对别人说？如果有小气的妇人，不尊敬祖先，不尊重丈夫，以至于用污言秽语辱骂丈夫，甚至于辱骂祖宗的，就按照不孝的律条休掉。

只有年过四十还没有儿子的，才允许纳妾。原配妻子不能够妒忌。如果不能遵守这条家训，就按照七出的律条中“善妒”条休掉。丈夫也不允许、纵容妾室欺负正室，如有违反，整个家族一起惩罚他。

达官贵人之家，如果经常有出身低微的老朋友来做客，就会觉得别有一番味道。如果还有忠正刚直、饱读诗书的人到访，就更显得他宽容大度。我们家子孙后代如果有朝一日富贵了，千万不能怠慢读书人。

别人家生儿子，自然希望孩子聪明。但是聪明人待人处事挑剔无情，那么福气就会变薄。经常看到天资聪颖之人常常归于落魄，平凡的普通人反而福缘深厚，一生享福不尽。一个是聪明锋芒外漏，机关算尽，一个是洞察天机却深沉含蓄，不露锋芒，所以最后走向不同的道路。我奉劝子孙后代中聪明的人一定要心存宽厚，这样才能有温和平顺的福报。

子孙后代快要长大成人的时候，情绪容易烦乱，千万不能让他们结交心思不正的朋友。如果经常和行为不端的人来往，作为父亲、兄长一定要尽早禁止杜绝，防止他渐渐养成恶习，无法回头。

子孙后代年轻的时候，早晚要经常查问，不许离家放纵。即便在外跟随老师学习，也要经常查问功课。如果有荒废学业的，一定要及时发现蛛丝马迹，经常激励他们，不要姑息放纵。

子孙后代夫妇同居，早则十八岁，晚则二十岁，千万不能太早。恐怕太年幼元气不足，沉迷女色，掏空了身子。

子孙后代在家吃饭、行为举止都要有规矩，待人接物要有礼数，不能放纵失礼。我担心这样时间长了你们就会变得狂妄。

男子出门前一定要向父亲、兄长禀告，回来的时候一定要到父亲、兄长处面见。妇女出门，一定要向公公婆婆禀告，回来的时候一定要到公公婆婆处面见。不许擅自出入。

别人家的子女到五六岁的时候，男的就要拜师读书。聪慧过人的就希望他将来考取功名，资质鲁钝的就希望能靠读书塑造他的思想，将来不至于轻薄放荡。小的时候放纵不管束，长大了百无一用，都是做父亲的过错。孔子说过："爱护他，怎么能不让他勤劳？"小女孩要教给她纺纱织布，年纪大一点就教给她针线活，女孩也要教导她不能骄傲。妇女主管家里的衣食等事，做母亲的对女孩一定要从小教导。一定要早起晚睡，不能让她懒惰。要注意穿衣打扮，收拾干净，不能邋里邋遢。讲话要谨慎小心，不能口无遮拦。行为举止要端庄，不能轻浮。如果放纵她不去教导，一旦到了婆家不成体统，不守妇道，招致羞辱责罚，都是母亲的过错。子女的教育很重要，做父母的一定要小心谨慎。

妇女居住的地方要严谨而有法度，即使是表亲等至亲，也要男女有别，回避嫌疑。男女不能同桌吃饭，不能坐在一起聊天。家里要分内宅外宅，天黑之后，女眷不出内宅，男子不得进入内宅。女子有事出来，夜里要点蜡烛照明。男子一旦过了十六岁，长辈不召唤，一早一晚不能进入内宅。

妇女不允许到寺庙里烧香拜佛，只能在家里念经吃素。

妇女除非有正事外出，否则不能穿金戴银。在家里就穿居家的便服，不能浓妆艳抹，奇装异服。

妇女如果不幸丈夫早亡，应该替夫守节才对。或者仍然青春年少，无法守节终身，不妨对她的父母好言相劝，让她及时改嫁，以免别人说闲话。

勤劳才能致富，人人都知道这个道理。我却认为“公道”两个字才是致富的关键。经常见到世上的人欺负笨人，通过投机取巧从中取利，或者是通过在计量工具上做手脚来欺诈，其中也有能赚钱发家的，但最终通过机巧赚来的，早晚被别人骗回去。明里挣钱，暗里亏掉。只因为人有了欺诈之心，一定会招致上天的谴责，到头来没什么好处。哪里比得上听天由命，公道致富，永远保有得享福祉的根基。所以我说“公道”两个字，比“勤”字对发财致富的影响更大。

富贵是命里带来的，没什么好讲，但是也不是板上钉钉、无法改变的。上天讨厌那些骄傲自满的，如果没有足够的德行匹配天命，这富贵命早晚也会消耗殆尽。

家财万贯，满屋金银，不过是交给你管理，不能看作是万年不变的根基。如果不做善事，遇到遭受苦难、贫穷的人不去帮助，也不过是个守财奴而已。如果能广施恩惠，拯救众民，老天在上看着，一定会让他永享富贵。

做人不能存心挑剔、无情。天地培育万物的基础，就是一个“仁”字。仁无所不至，人应该处处心存仁爱，眼睛看到的、自己所做的、口中所讲的没有凶暴残忍的习性，单纯的一团和善之气，福气和智慧自然而然就生发出来了。父辈为子孙不知留下多少福荫，连他们自己都不知道。

为人处世以“高”为贵。高并不是高傲，只是不能把自己看得太低了，那样就会自甘下流。应该把自己的行为看得很重要，自然不合礼义的事情就不去做。认为那些做出卑鄙下贱、奉承讨好的行为就好像身处污泥之中，自己的境界自然比他们要高出太多太多了。

人贵在能够立下志向。志向并不是大言不惭，只是一心一意追求更好的东西。比如我一心想致富，那就应该一心勤劳，处处节俭，最终才能致富。向往哪个层次，自然最终实现就在哪个层次。这就是所谓“有志者事竟成”。

不要说只有神明应该敬仰，敬神明不如敬自己的心；不要说人心可以欺骗，欺骗人心就是欺骗上天。一个人内心正直，上天知道，神明尊敬；一个人内心充满欺诈，就会招致鬼神祸害，灾难发生。从古至今，昧着良心做坏人的，有几个能善终？

人世间应该走和不应该走的，只有善、恶两条路。上天赐福给人和降祸给人，也只有善、恶两个途径。不要认为善事太小不值得记录，只要心有善念，上天一定赐福给他；不要认为罪恶太小不值得担心，只要心里有了作恶的念头，上天一定会降祸给他。善、恶不分大小，只在人的一闪念之间便天差地别。《太上感应篇》中讲得很清楚。

不要和人结怨。人最难忘的事，只有感恩、积怨两个方面。对人施以恩惠还可能会忘掉，但如果长期对一个人堆积怨恨，那就会恨入骨髓，无时无刻不想着报复。所以我们待人处世应该有宽容大度的胸怀，不但对事处处留有余地，就是在言语之间，也不可以过于尖锐。虽然我可能出于无心，但在对方看来可能是一辈子怨恨的导火索。

凡事不可以做得太绝。别人力量比不上我，我不可以逼人家使尽全力，狼狈不堪。别人的形势比不上我，我不可以把别人逼上绝境，穷途末路。即便是言语之间，不妨让别人一句。稍微得了点便宜，要知道马上卖乖，才能让自己更舒服。

人一辈子都要不停地体察认识这个“忍”字。小的地方不能忍让，可能会破坏大的谋划。能忍一分，便能得到一分的好处。父子之间不能忍，可能会违背天理伦常；兄弟之间不能忍，则可能最终势成水火；夫妻之间不能忍，可能鱼水之情不再，最终反目成仇；朋友之间不能忍，那么义气情谊不再，很难和睦共处；家庭之间不能忍，则可能因为不和而招致灾祸；世态人情不能忍，就可能马上翻脸成仇，甚至一言不合，生起战乱，转瞬之间可能小命不保，到时后悔都来不及。不忍的害处如此之大，怎么能不慎重呢？

以上的四十二条，都是我亲身经历得来的，桩桩件件都有来历。凡是我的后人，不要因为错误地以为它们不合实际而忽视。

将赴天津示二子 / 清·曾国藩

录自传忠书局版《曾文正公全集》

本文为清朝中兴名臣曾国藩去天津处理教案前给两个儿子曾纪泽、曾纪鸿留下的家书，收入《曾文正公全集》。此时曾国藩对天津教案的处理毫无把握，担心此去很可能一去不回，因此留书叮嘱儿子后事。曾国藩，初名子城，字伯涵，号涤生，谥文正。晚清第一中兴名臣，湘军的创立者和最高统帅，后世曾誉为“千古第一完人”，被梁启超称为立功、立德、立言三不朽，他的《曾文正公家书》成为传统家庭教育的经典教材。

原文

余即日前赴天津，查办殴毙洋人、焚毁教堂一案。外国性情凶悍，津民习气浮嚣[①]，俱难和叶[②]。将来构怨[③]兴兵，恐致激成大变。余此行反复筹思，殊无良策。余自咸丰三年募勇[④]以来，即自誓效命疆场，今老年病躯，危难之际，断不肯吝于一死，以自负其初心[⑤]。恐邂逅[⑥]及难，而尔等诸事无所秉承，兹略示一二，以备不虞。

余若长逝[⑦]，灵柩自以由运河搬回江南归湘为便，中间虽

---

① 浮嚣：浮躁，不踏实。
② 和叶：和睦相处。
③ 构怨：结怨，结仇。
④ 募勇：招募湘军。
⑤ 初心：本意。
⑥ 邂逅：意外，万一。
⑦ 长逝：去世。

有临清至张秋一节须改陆路，较之全行陆路者差易[①]。去年由海船送来之书籍、木器等过于繁重，断不可全行带回，须细心分别去留。可送者分送，可毁者焚毁，其必不可弃者，乃行带归，毋贪琐物而花途费。其在保定自制之木器全行分送。沿途谢绝一切，概不收礼，但水路略求兵勇护送而已。

余历年奏折，令夏吏择要钞录，今已钞一多半，自须全行择钞。钞毕后存之家中，留于子孙观览，不可发刻送人，以其间可存者绝少也。余所作古文，黎莼斋[②]钞录颇多，顷[③]渠[④]已照钞一份寄余处存稿。此外，黎所未钞之文寥寥无几，尤不可发刻送人，不特篇帙[⑤]太少，且少壮不克[⑥]努力，志亢[⑦]而才不足以副之，刻出适以彰其陋耳。如有知旧[⑧]劝刻余集者，婉言谢之可也。切嘱！切嘱！

余生平略涉儒先[⑨]之书，见圣人教人修身千言万语，而要以不忮不求为重。忮者，嫉贤害能，妒功争宠，所谓怠者不能修，

---

① 差易：稍容易些。

② 黎莼斋：即黎庶昌，晚清时著名外交家和散文家。曾为曾国藩幕僚，与张裕钊、吴汝纶、薛福成以文字相交，并称“曾门四弟子”。

③ 顷：不久以前。

④ 渠：他。

⑤ 篇帙：书籍的篇卷。

⑥ 克：能。

⑦ 志亢：志气高。

⑧ 知旧：知交旧友。

⑨ 儒先：先儒，先贤。

忌者畏人修之类也。求者，贪利贪名，怀土怀惠[①]，所谓未得患得，既得患失之类也。忮不常见，每发露于名业相侔[②]、势位相埒[③]之人。求不常见，每发露于货财相接、仕进[④]相妨之际。将欲造福，先去忮心。所谓人能充无欲害人之心，而仁不可胜用也。将欲立品，先去求心。所谓人能充无穿窬[⑤]之心，而义不可胜用也。忮不去，满怀皆是荆棘；求不去，满腔日即卑污[⑥]。余于此二者常加克治，恨尚未能扫除净尽。尔等欲心地干净，宜于此二者痛下工夫，并愿子孙世世戒之。附《忮求诗》二首录右。

历览有国有家之兴，皆由克勤克俭所致，其衰也则反是。余生平亦颇以“勤”字自励，而实不能勤。故读书无手钞之册，居官无可存之牍[⑦]。生平亦好以“俭”字教人，而自问实不能俭。今署中内外服役之人，厨房日用之数，亦云奢矣。其故，由于前在军营规模宏阔，相沿未改。近因多病，医药之资漫无限制。

---

① 怀土怀惠：出自《论语・里仁》：“君子怀德，小人怀土，君子怀刑，小人怀惠。”怀土，选择有利可图地方居住。怀惠，惦记小恩小惠。

② 名业相侔：名望和事业可以等量齐观。

③ 势位相埒：势力和地位足以并列。

④ 仕进：在仕途中进取。

⑤ 穿窬：挖墙洞和爬墙头。指偷窃行为。

⑥ 日即卑污：一天天向卑鄙肮脏靠近。

⑦ 牍：公文。

由俭入奢易于下水，由奢反俭难于登天。在两江交卸[①]时，尚存养廉[②]二万金在。余初意不料有此，然似此放手用去，转瞬即已立尽。尔辈以后居家须学陆梭山[③]之法，每月用银若干两限一成数[④]，另封秤出[⑤]，本月用毕，只准赢余，不准亏欠。衙门奢侈之习，不能不彻底痛改。余初带兵之时，立志不取军营之钱以自肥其私，今日差幸[⑥]不负始愿。然亦不愿子孙过于贫困，低颜求人，惟在尔辈力崇俭德，善持其后而已。

孝、友为家庭之祥瑞，凡所称因果报应，他事或不尽验，独孝、友则立获吉庆，反是则立获殃祸[⑦]，无不验者。吾早岁久宦京师[⑧]，于孝养之道多疏，后来展转兵间，多获诸弟之助，而吾毫无裨益于诸弟。余兄弟姊妹各家均有田宅之安，大抵皆九弟扶助之力。我身殁[⑨]之后，尔等事两叔如父，事

---

① 交卸：卸去职务交付给下一任。

② 养廉：清朝规定，官吏于常俸之外，按职务等级每年另给银钱，称之为“养廉银”。

③ 陆梭山：即陆九韶，字子美，抚州金溪人，号梭山居士，南宋学者，与弟陆九龄、陆九渊并称“三陆”。著有《居家正本制用篇》。

④ 成数：整数。

⑤ 另封秤出：按预算单独称出来存放。

⑥ 差幸：幸好。

⑦ 殃祸：灾祸。

⑧ 久宦京师：长时间在京城做官。

⑨ 身殁：身死。

叔母如母，视堂兄弟如手足。凡事皆从省啬[①]，独待诸叔之家则处处从厚，待堂兄弟以德业[②]相劝，过失相规，期于彼此有成为第一要义，其次则亲之欲其贵，爱之欲其富，常常以吉祥善事代诸昆弟[③]默为祷祝，自当神人共钦[④]。温甫、季洪两弟之死，余内省觉有惭德[⑤]。澄侯、沅甫两弟渐老，余此生不审[⑥]能否相见。尔辈若能从孝、友二字切实讲求，亦足为我弥缝[⑦]缺憾耳。

附：忮求诗二首

善莫大于恕，德莫凶于妒。妒者妾妇行，琐琐奚比数[⑧]。己拙忌人能，己塞忌人遇。己若无事功，忌人得成务[⑨]。己若无党

---

① 省啬：爱惜。引申为节俭，节约。
② 德业：德行与功业。
③ 昆弟：兄弟。
④ 钦：敬。
⑤ 惭德：因言行有缺失而内愧于心。
⑥ 不审：不知。
⑦ 弥缝：补救。
⑧ 比数：相与并列，相提并论。
⑨ 成务：成就事业。

援[①]，忌人得多助。势位苟相敌，畏逼又相恶。己无好闻望[②]，忌人文名著。己无贤子孙，忌人后嗣裕。争名日夜奔，争利东西骛[③]。但期一身荣，不惜他人污。闻灾或欣幸，闻祸或悦豫[④]。问渠何以然，不自知其故。尔室神来格，高明鬼所顾[⑤]。天道常好还[⑥]，嫉人还自误。幽明丛诟忌，乖气[⑦]相回互[⑧]。重者裁汝躬[⑨]，轻亦减汝祚[⑩]。我今告后生，悚然大觉寤[⑪]。终身让人道，曾不失寸步。终身祝人善，曾不损尺布[⑫]。消除嫉妒心，普天零甘露[⑬]。家家获吉祥，我亦无恐怖。右不忮

知足天地宽，贪得宇宙隘。岂无过人姿，多欲为患害。在约每思丰，居困常求泰。

① 党援：结党互为援助。
② 闻望：名望，声望。
③ 骛：奔驰，乱跑。
④ 悦豫：喜悦，愉快。
⑤ 尔室神来格，高明鬼所顾：人住的地方可以通神灵，一言一行鬼神都知道。
⑥ 好还：极易得到报应。
⑦ 乖气：邪恶之气，不祥之气。
⑧ 回互：往复，来回。
⑨ 裁汝躬：给你自己带来灾祸。
⑩ 祚：福分。
⑪ 觉寤：醒悟，明白。
⑫ 尺布：布一尺，极言其少。
⑬ 甘露：甘甜的露水。古人认为甘露降是祥瑞。

富求千乘车，贵求万钉带[①]。未得求速偿，既得求勿坏。芬馨比椒兰[②]，磐固方泰岱[③]。求荣不知餍[④]，志亢神愈忲[⑤]。岁燠[⑥]有时寒，日明有时晦[⑦]。时来多善缘，运去生灾怪。诸福不可期，百殃纷来会。片言动招尤，举足便有碍。戚戚抱殷忧[⑧]，精爽日凋瘵[⑨]。矫首望八荒[⑩]，乾坤一何大！安荣无遽[⑪]欣，患难无遽憝[⑫]。君看十人中，八九无倚赖[⑬]。人穷多过我，我穷犹可耐。而况处夷途[⑭]，奚事生嗟忾[⑮]？于世少所求，俯仰有余快。俟命堪终古，曾不愿乎外[⑯]。右不求

---

① 万钉带：镶有万钉的腰带，是富贵的象征。

② 椒兰：椒与兰。都是芳香之物，所以并称。

③ 磐固方泰岱：地位像泰山一样稳固。

④ 餍：满足。

⑤ 忲：骄恣放纵。

⑥ 燠：暖，热。

⑦ 晦：昏暗不明。

⑧ 殷忧：深深的忧虑。

⑨ 精爽日凋瘵：精神日益萎靡。凋瘵，衰败，困乏。

⑩ 矫首望八荒：抬起头来看看四面八方。八荒，八方荒远的地方。

⑪ 遽：立刻，马上。

⑫ 憝：怨恨，憎恶。

⑬ 倚赖：依靠。

⑭ 夷途：坦途。夷，平坦。

⑮ 嗟忾：唉声叹气。

⑯ 俟命堪终古，曾不愿乎外：静候命运的安排才能长远，除此之外不要苛求太多。

译文

我即日要赶赴天津，前去办理打死洋人、烧毁教堂一案。外国人性情凶悍，天津百姓浮躁不踏实，都很难和睦相处。如果将来因此结怨，导致兵戎相见，恐怕会酿成大祸。我这次去天津曾经反复斟酌，实在是没什么好办法。我自从咸丰三年招募乡勇剿灭太平天国贼匪以来，已经发誓要把自己的生命奉献给沙场。现在年纪大了，身体也不好，在大难临头之际，是不会因为爱惜生命而改变为国捐躯的初衷的。我担心自己不知何时就身首异处了，你们仓促之间很多事可能不知道如何处理，现在先简单跟你们说一下，以防万一。

我如果去世，棺材要运回湖南老家，自然是先通过水路经京杭大运河运到江南，再从江南沿长江运回湖南最为方便，中间只有山东临清到张秋这一段需要改走陆路，比全部走陆路要容易。去年用海船运过来的书籍、木制家具等过于笨重，万万不能全部带回老家，要仔细分辨哪些应该带，哪些不应该带。能够送人的就分别送人，能够烧毁的就全部烧毁，那些一定不能丢掉的才带回老家，不要因为不舍得琐碎的东西而多花路费。在保定定制的木制家具要全部送人。一路上谢绝一切人情奠仪，一概不能收礼，只有走水路的时候可以请水军沿途护送一下。

我曾经要求夏先生把这些年我写的奏折选择重要的抄录下来，现在已经抄了一大半，自然应该把这件事做完。抄写完毕后存放在家里，留给子孙后代观看浏览，千万不能刻印成书送人，因为这其中值得保存的很少。我写的古文，黎庶昌先生抄写了很多，不久以前他已经多抄了一份寄给我留存。黎庶昌先生没抄的古文已经寥寥无几，尤其不能刻印成书籍送人，不但篇数少，而且年轻的时候自己不努力创作，志气高但才气不足，刻印出来只能越发显得我的文章不行。如果有知交故旧劝你们刊刻我的文集，你们可以婉言谢绝。切记切记。

我一生多少读了些前代大儒的书，发现圣贤在教导人修身方面虽然千言万语，但归根到底，都把不忮不求放在第一位。所谓忮，就是嫉妒别人的才能，嫉妒别人的功劳，在上司面前争宠，也就是常说的懈怠的人不肯修身，好嫉妒的人害怕别人修身。所谓求，就是贪图名利，时时刻刻想着小恩小惠，也就是常说的没有得到的时候总是想得到，已经得到了又害怕失去。忮心不常见，常常发生在名望和事业可以等量齐观、势力和地位足以相并立的人之间。求心不常见，常常发生在有财物往来、在仕途上互相竞争的时候。想要造福于人，先要去掉忮心，这就是常说的一个人如果没有害人之心，那么他的仁德就用之不尽；想要提升自己的品德，就要先去掉求心，这就是常说的一个人如果能没有偷盗之心，那么他的气节就用之不尽。忮心如果不去掉，内心就会处处和别人过不去；求心如果不去掉，品德就会变得卑污低下。对于这两点，我一直加以克制，尽管如此，还是痛恨自己没能清除干净。你们想要心地纯净，就应该在这两点上痛下功夫，并且希望后代的子子孙孙都要牢记这一点。特将我所写的《忮求诗》两首抄录于后，供你们参考。

纵览历史，一个国家或一个家族的兴盛，没有不是从能够勤劳节俭开始的，衰败则相反。我一生都用“勤”字自我激励，但实际上没能做到勤。读书没有亲手抄录的读书笔记，做官也没有留下值得传给后世的公文范本。我一生也经常拿“俭”字教育别人，但自己却实在做不到节俭。现在衙门里外做事的仆人，厨房当中每天开销的数目，应该称得上奢侈。原因就在于以前在军队中大手大脚，养成习惯改不了。我最近因为身体多病，寻医问药的花费也毫无节制。从节俭到奢侈像下水一样容易，但想从奢侈回归节俭就比登天还难。在卸任两江总督的时候，我还存了两万两养廉银。我开始没料到会存下这笔钱，但是像现在这个开销法，一转眼就会花光了。你们以后治家应该学习陆九韶先生的方法，每个月家用花费多少银子预算一个固定数目，把银子秤出来单独存放，当月用完，只允许有结余，不允许超支。衙门里奢侈的风气，不能不痛下功夫改掉。我刚带兵的时候就立下志向，一定不能中饱私囊，贪图军费，到今天幸好没有违背自己当年的誓言。但是我也不希望子孙后代过于贫困，因为银钱向别人低头央求，只能期望你们能够大力提倡节俭，努力经营家业，不至于缺衣少粮。

孝顺、友爱是一个家庭吉祥的预兆，因果报应之说，在别的事情上未必会应验，但单单能做到孝顺、友爱就马上能一家吉祥，如果做不到就马上招灾惹祸，这一点没有不应验的。我早年曾长时间在京城做官，对于孝顺父母、奉养双亲有很多不尽如人意的地方，后来又带兵辗转各地剿匪，得到各位弟弟的帮助很多，但却从来没为弟弟们做过什么。我的兄弟姐妹每家都置办田产，衣食无忧，大多是得到九弟曾国荃的帮助。我过世之后，你们对待两位叔叔要像对待父亲一样尊敬，对待婶婶要像对待母亲一样孝顺，对待堂兄弟们要像亲兄弟一样友爱。做其他事都要尽量节俭，只有对待几位叔叔家要一切从厚，不能吝啬，对待堂兄弟要尽量劝他们修德立业，对他们的过失要及时规劝，首要目的是希望彼此都有所成就，其次因为是至亲，所以希望他们显贵，因为爱护他们，希望他们富足。常常祈祷祝愿各位叔伯兄弟能够一生吉祥，多行善事，自然神人都会尊敬。国华、国葆两位弟弟的死，我自问有责任，愧对他们。

国潢、国荃两位弟弟年龄也渐渐大了，我不知道这辈子还有没有机会见到他们。你们如果能从孝顺、友爱两个方面努力去做，也算能补救我的过失了。

附：《忮求诗》二首

最大的善行是宽恕，最可怕的恶习是嫉妒。嫉妒是妇人的行为，猥琐得不足挂齿。自己笨就嫉妒别人能干，自己处处不顺就嫉妒别人好运连连。自己没有一点功绩，就嫉妒别人事业有成。自己没有朋友帮助，就嫉妒别人有很多人帮忙。如果权势地位相当，就害怕他人排挤，因此仇视对方。自己名声不好，就嫉妒别人美名传扬。自己子孙不争气，就嫉妒别人子孙富贵。为争名而日夜操劳，为争利而四处奔忙。为了自己的荣耀，不惜诽谤别人。听说别人遭灾就幸灾乐祸，听到别人遇到祸事就心情舒畅。问他为什么这样做，他也说不清。住的地方可以通神灵，言行高尚鬼神都会眷顾。天道向来崇尚报应，嫉妒别人一定会给自己带来灾祸。世上有数不清的污秽言行，邪恶之气回环往复。邪恶之气充斥，重则身体遭灾，轻则折福。我现在以此告诫你们后生晚辈，要赶紧警醒过来。一生都为别人让路，你自己不会落后半步。一生为别人祈福，你也不会损失布一尺。只要消除嫉妒之心，

普天之下都会降下甘露。家家户户都吉祥如意，我们再也不用提心吊胆。右不忮

容易满足的人天地也会变得宽广，过于贪婪的人宇宙也显得狭隘。不是没有过人之处，只是因为欲望太多害了自己。日子紧巴的时候常常希望丰衣足食，艰难困苦的时候常常期待前面一片坦途。富裕了还想更富裕，尊贵了还想更尊贵。没有得到的时候日夜期盼，已经得到就希望永远拥有。希望自己像椒兰一样芬芳，自己的地位像泰山一样稳固。追求荣耀永不厌倦，志气越来越高昂，越来越骄恣放纵。一年之中有冷也有热，月亮有圆也有缺。运气来了好事多，运气一去灾祸生。什么福缘也等不到，各种灾祸纷纷找上门。一句话说不好就招来批判，一抬脚就遇到羁绊。一天到晚忧心忡忡，精神萎靡神情颓唐。抬起头来仰望四面八方，宇宙天地何等宽广！荣华富贵的时候无需得意忘形，身处困境也不需要怨天尤人。您看世上十人当中，就有八九个无依无靠。不顺利的人比我多得多，我的不顺算得了什么？何况我现在前途光明，为什么还要唉声叹气？对于外界所求不多，不管在朝在野都心情愉悦。静候命运的安排才能长远，除此之外不要苛求太多。右不求